# PAPEL Y TINTA

## Un catálogo de técnicas, métodos y materiales para imprimir

**John Foster**

GG

Título original *Paper and Ink Workshop. Printmaking Techniques Using a Variety of Methods and Materials*.
Publicado originalmente por Rockport Publishers, 2015

Diseño: John Foster, badpeoplegoodthings.com

Traducción de Ana López Ruiz
Diseño de la cubierta: Toni Cabré / Editorial Gustavo Gili, SL
Imágenes de la cubierta: Fire Studio, Hammerpress, Andrew Vastagh, Scotty Reifsnyder
Imagen de contracubierta: Seripop



*Printed in China*
ISBN: 978-84-252-2776-9

**Editorial Gustavo Gili, SL**
Rosselló 87-89, 08029 Barcelona, España.
Tel. (+34) 93 322 81 61
Valle de Bravo 21, 53050 Naucalpan, México.
Tel. (+52) 55 55 60 60 11

# ÍNDICE

CAPÍTULO 1

# INTRODUCCIÓN

¿Te has parado a pensar alguna vez qué hay detrás de esa lámina que tienes colgada en la pared o cómo están hechas las tarjetas que acabas de comprar en Etsy? ¿Alguna vez te has preguntado de qué recursos disponen los creadores más vanguardistas para cautivar al público? ¿Te has planteado si podrías utilizar esas mismas técnicas para mejorar tu trabajo o incluso montar tu propio negocio? He aquí la respuesta a todas esas preguntas y a muchas más. En este libro te ofrecemos un curso acelerado en historia de la impresión artesanal y la posibilidad de adentrarte en los talleres de muchos de los diseñadores e impresores más punteros del panorama internacional, que te mostrarán cómo dieron vida a sus creaciones, ya fuera mediante serigrafía, impresión tipográfica o xilografía, y siempre gracias a partes iguales de inspiración y sudor de sus frentes.

*detalle de una lámina de Bad People Good Things*

## LA EXPLOSIÓN DE LA IMPRESIÓN ARTESANAL

El mercado de la impresión hecha a mano vive un momento de auténtico furor, y el fenómeno se materializa en muy diversas formas, desde rompedores carteles de concierto y artículos rústicos de papelería a xilografías retro o manualidades de Etsy. Ya se trate de personalidades consolidadas del diseño, de estudiantes que apuestan por la experimentación, de artistas innovadores o de emprendedores de nuevo cuño, el poder de atracción que ejercen estos procesos, tanto sobre quienes producen las impresiones como sobre quienes las compran, es innegable. La impresión artesanal, con sus muchas peculiaridades, sus ediciones firmadas y numeradas, sus enrevesados métodos de producción y su insoslayable toque humano, se ha convertido rápidamente en uno de los nichos de negocio más importantes tanto para el mundo del diseño como para la pequeña empresa.

No hace tanto que muchos expertos y analistas del sector proclamaban la muerte de la impresión en papel, y, sin embargo, no podían estar más equivocados. Con la reducción de la impresión comercial, la impresión especializada recogió el testigo y salió a flote. En la actualidad, mientras deja de ser un fenómeno *underground* para convertirse en un motor económico por derecho propio, es una de las actividades creativas más gratas en las que embarcarse.

En la era post 11S, el anhelo de todo aquello que se puede tocar y experimentar de manera personal es más fuerte que nunca, y afecta a ambos extremos del proceso creativo. Los consumidores aprecian especialmente el atractivo de las ediciones limitadas y la conexión que estas establecen implícitamente con un grupo cohesionado de público con el suficiente buen gusto como para apreciar un mismo tipo de obras, así como las cualidades en bruto que se desprenden de este tipo de creaciones y de la posibilidad de tocar la tinta y el papel. A los diseñadores les encanta la idea de ensuciarse las manos, de salir de detrás de las pantallas de sus ordenadores y, de manera bastante literal, sentir aquello que producen, incluso si para ello hay que echar a perder un par de pantalones manchados de tinta o pasar la noche en vela sacando copias.

Gracias a internet, hoy en día es fácil encontrar a los impresores artesanales que hay repartidos por el mundo, y esos mismos creadores pueden permanecer conectados entre sí y crecer como artistas en un proceso de inspiración mutuo. Pero es que, además, sus productos se encuentran al mismo tiempo en la papelería del barrio y en las ferias de artesanía más importantes a nivel mundial, y se los disputan como objetos de coleccionista tanto en abarrotados festivales musicales como en galerías de arte. Algunos de ellos hasta se han lanzado a abrir sus propios puntos de venta al por menor. Sus obras han pasado a definir lo *cool* (merecidamente) y se divisan como adorno de fondo en las sesiones de fotos, los programas de televisión y las películas más modernas. La impresión artesanal ha llegado para quedarse.

## HISTORIA DE LA IMPRESIÓN

Aunque gran parte de la atención de este libro está enfocada en el panorama actual, y especialmente en lo que se puede conseguir a título individual con determinadas herramientas, siempre es importante saber cómo hemos llegado hasta aquí. Una de las cuestiones más fascinantes del auge de la impresión artesanal es cómo los artistas han conseguido transformar los métodos de impresión antiguos y los más anárquicos procesos de producción en algunas de las expresiones más vanguardistas e innovadoras del diseño actual.

No os obligaré a leer aquí la larga y enrevesada historia del nacimiento de la imprenta, pero huelga decir que las civilizaciones se percataron pronto de los beneficios que implicaba la capacidad de producir múltiples copias de algo, ya se tratara de textos, símbolos o incluso obras de arte.

En el principio de los tiempos, la técnica que permitía la copia era el estarcido, y algunas de sus muestras más precoces consistían en perforar hojas de plantas para obtener plantillas sobre las que luego se aplicaban tintes vegetales. El estarcido y la xilografía, y a veces una combinación de ambas técnicas, fueron ampliamente utilizados para la producción de material impreso. La introducción de distintas innovaciones en la técnica del estarcido sobre diversos tipos de materiales textiles y productos con los que se comerciaba por todo el mundo supuso un proceso de adaptación que culminó con la serigrafía. La primera patente por un método de serigrafiado la obtuvo Samuel Simon en Manchester, allá por 1907. A diferencia de la imprenta (la impresión tipográfica es la heredera de las imprentas de tipos móviles del célebre Johannes Gutenberg), este proceso móvil se fue refinando gracias a las aportaciones de, literalmente, miles de personas antes de que le concedieran la patente a Simon.

Con el estallido de la I Guerra Mundial, se maximizó el aprovechamiento de sus características de movilidad y bajo coste. John Pilsworth desarrolló un método para serigrafías multicolores que recibió el nombre de "método Selectasine" y que llegó a ser muy popular en el mercado de los carteles y los rótulos comerciales. Su bajo precio y su capacidad de adaptación a distintas formas y superficies pronto hicieron que, de entre los métodos de impresión menos sofisticados, la serigrafía pasara a ser el preferido por la mayor parte de las empresas, un puesto que más o menos sigue ostentando hoy en día.

Pero la serigrafía llevaba una vida paralela, que es la que se relaciona de manera más directa con lo que está ocurriendo hoy en día en los talleres de tantos diseñadores gráficos. Los aspectos artísticos del proceso se habían ignorado durante años, mientras sus aplicaciones comerciales crecían sin parar. Con la ayuda de la WPA (la Works Progress Administration, una agencia estadounidense instituida como parte del paquete de medidas del New Deal), se animó a un grupo de artistas a experimentar con la técnica durante la Gran Depresión, proyecto que acabó dando como resultado un nuevo tipo de impresiones artísticas que recibieron por primera vez el nombre de *serigraphs*, en inglés. Con las primeras exposiciones de aquellas láminas se inició un lento proceso, abanderado por críticos de arte y adeptos. Cuando años más tarde, en la década de 1960, la técnica fue adoptada por los creadores del pop art, y especialmente por Andy Warhol, obtuvo la aceptación del gran público, y un sinfín de artistas abrazaron su condición de método humilde e industrial, a menudo haciendo referencia a sus aplicaciones comerciales, incluso en la imaginería.

> **"EXTENDER CAPA SOBRE CAPA SOBRE CAPA DE TINTA SOBRE PAPEL ES ALGO SENCILLO Y AUN ASÍ MÁGICO. A MÍ TODAVÍA ME FASCINA."**
>
> —Jesse LeDoux

Para mediados de la década de 1970, la serigrafía volvió a sus raíces más utilitaristas y pronto quedó obsoleta debido a las innovaciones en las técnicas de impresión. En casi todos los ámbitos y de forma muy rápida, la impresión digital y otros procesos reemplazaron a la serigrafía, que quedó relegada a los trabajos de menor estofa. Parecía destinada a desaparecer, hasta que sus mayores ventajas —su portabilidad, su bajo coste y su fácil proceso de aprendizaje— hicieron de ella el método ideal para nuevas hornadas de artistas y diseñadores interesados en tiradas pequeñas.

*Páginas siguientes: (izquierda) detalle de una lámina de Largemammal y (derecha) preparación de impresión tipográfica de Dirk Fowler en f2 design.*

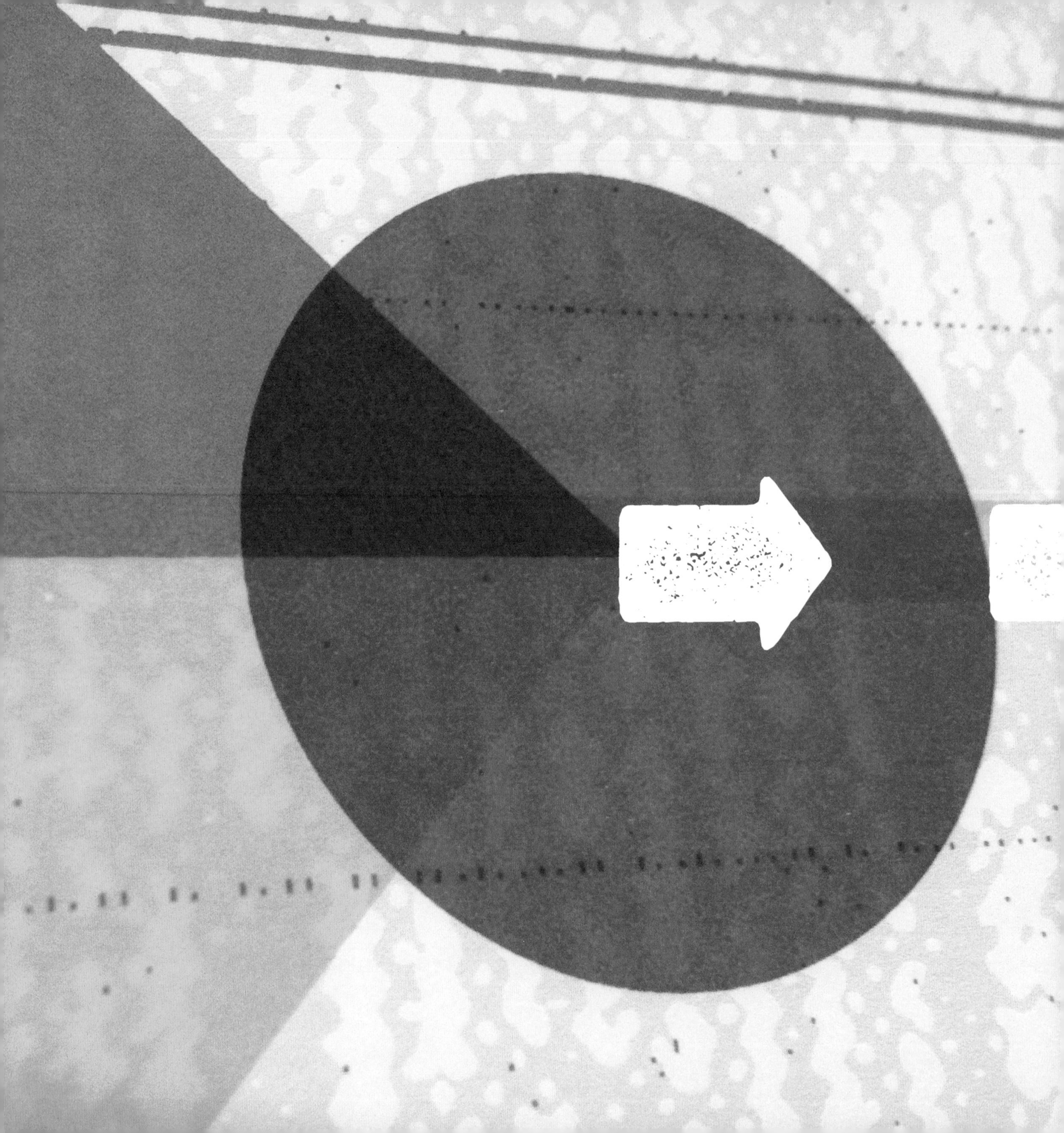

# CAPÍTULO 2

# TÉCNICAS Y HERRAMIENTAS

Ahora que sabemos un poco más sobre los sugerentes avances que se producen en ese mundo en ebullición que es la impresión artesanal, es momento de ahondar en el proceso que permite que estas obras increíbles lleguen a ser lo que son. El hecho concreto de extender la tinta sobre el papel es bastante simple, pero los preparativos previos a ese momento incluyen tareas de lo más variopintas, desde salir de compras o trazar una fina estrategia de planificación, hasta levantar pesos pesados y sumergirse en intensos maratones de aprendizaje.

*detalle de una lámina de Hammerpress*

## IMPRENTAS Y ENTORNOS DE TRABAJO

Una de las ventajas de la impresión a pequeña escala es que no se precisa demasiado espacio para obtener los resultados deseados. Algunas opciones, como la xilografía tradicional o el sistema japonés Print Gocco, todavía más pequeño, podrían transportarse hasta en el bolsillo del abrigo, si fuera necesario. Otras técnicas pueden requerir una habitación especial, y al empezar a aceptar encargos ajenos quizá surja la necesidad de montar un taller propio, pero la esencia misma de la impresión artesanal, con la aplicación de un solo color en cada pasada, suele adaptarse a lugares de trabajo bastante extraordinarios.

**Xilografías y linograbados:** Lo habitual es que sean pequeños, y pocas veces superan el tamaño de una hoja de papel suelta o una libreta. Para estas opciones solo hace falta un bloque de material, la matriz, las herramientas para grabarla, tinta y rodillos. Se utilizan de manera parecida a un sello y, gracias a su tamaño, incluso se pueden llevar encima y estampar sobre papel pintado formando un patrón, por ejemplo.

**Impresión serigráfica:** Esta técnica puede ir desde el muy básico sistema japonés Print Gocco —para el que no hace falta más que una superficie plana y una nevera en la que guardar las pantallas (a veces en el propio entorno doméstico, para el que fue diseñado)— a prensas más grandes y semiautomáticas que precisan de un espacio más parecido a un almacén industrial. A menudo las prensas serigráficas las montan los propios impresores o diseñadores, y se les puede hacer hueco en cualquier sitio en el que quepan una superficie plana y unas cuantas pantallas. La diversión empieza cuando hay que encontrar un sitio en el que insolar y revelar las pantallas, para lo que es fundamental cierta oscuridad, además de un lugar donde almacenar los engorrosos productos químicos y otro en el que limpiar y recuperar las pantallas. Las opciones pueden ir desde un piso particular lleno de cosas o el garaje del patio trasero de casa hasta un establecimiento especializado abierto al público. Lo que va a definir el lugar en el que trabajes es la escala de lo que pretendas imprimir. Si no imprimes en formatos de más de 70 x 100 cm puedes instalarte en el sótano de casa, en una habitación vacía o en un rincón de la oficina, siempre que tengas cuidado con los productos químicos y dispongas de los recursos necesarios para lavar las pantallas (en este sentido, poder lavar a presión es todo un triunfo). Secar las láminas en una rejilla dispuesta a tal efecto o hacerlo en cuerdas por toda la habitación mientras se prepara la siguiente pasada es una elección que depende del criterio estético y el grado de cordura de cada cual.

**Impresión tipográfica:** La tipográfica sí que es una prensa de metal (y muy pesada). Encontrarle sitio no es difícil, pues no siempre son enormes, pero para moverlas de un sitio a otro sí hace falta más de una persona. También exige disponer de una cajonera en la que guardar los tipos móviles en orden (aunque quizá con el tiempo prefieras utilizar planchas de fotopolímero si tu actividad comercial crece). Muchas de las casas de prensas del siglo XIX siguen gozando de popularidad, y hay todo un culto en torno a las sacapruebas Vandercook por su fácil manejo y su capacidad para conservar el detalle y las impresiones con el rodillo manual. Las prensas Jobber, popularizadas por Chandler & Price Company, también siguen siendo una elección habitual para artículos de papelería e invitaciones. Al tratarse de máquinas muy duraderas, resisten y encuentran adeptos en distintos lugares; en Reino Unido le tienen cierto cariño a las minervas de pedal y platina y los movimientos mecánicos, casi relajantes, que se producen al darle al pedal. Todas esas máquinas están ahí, esperando en la trastienda de algún artesano o en esa gran imprenta en la que no se deshacen de ella por si hay que hacer unas invitaciones personalizadas de alta gama. En contraste con la flexibilidad que ofrecen la serigrafía, la xilografía y similares, estas máquinas solo pueden imprimir un tamaño máximo predeterminado.

## EL PAPEL ES TU AMIGO

Te habrás dado cuenta de que para todos estos procesos de impresión hacen falta dos cosas: papel y tinta. Hablaremos de la tinta más adelante, pero reivindiquemos el papel lo antes posible. Del papel puede depender que tu proyecto llegue o no a buen puerto. Elegir el gramaje, el color, la textura y el acabado adecuados es fundamental para obtener una buena impresión. Usando tinta plateada sobre papel negro, una imagen bastante pedestre se

LA HERRAMIENTA DE DISEÑO MÁS VALIOSA QUE TENGO: *Kevin Mercer, Largemammal*

**"MI CABEZA", AFIRMA LLANAMENTE KEVIN MERCER CUANDO SE LE PLANTEA ESTA PREGUNTA. "COMO DECÍA MI PADRE, QUE ERA CARPINTERO 'MIDE DOS VECES Y CORTA UNA'. SI ORGANIZAS CON CUIDADO EL ESPACIO EN EL QUE IMPRIMES Y PLANIFICAS LOS DISEÑOS PARA QUE TODO FUNCIONE DENTRO DE ESE PROCESO, TE QUITAS DE ENCIMA EL 90 % DE LOS PROBLEMAS DE IMPRESIÓN, Y MUCHO ANTES DE QUE LA TINTA ENTRE SIQUIERA EN CONTACTO CON LA PANTALLA." BREVES PERO SIN DUDA SABIAS Y ÚTILES PALABRAS PARA AQUELLOS DE VOSOTROS QUE ESTÁIS EMPEZANDO. "SE TE TIENE QUE DAR BIEN IDENTIFICAR Y RESOLVER PROBLEMAS Y PENSAR EN SOLUCIONES SENCILLAS CUANDO LA COSA SE TUERZA EN LA IMPRENTA", AÑADE MERCER.**

10
25

Braden Sutphin
VS 35114
PANTONE
Red 032

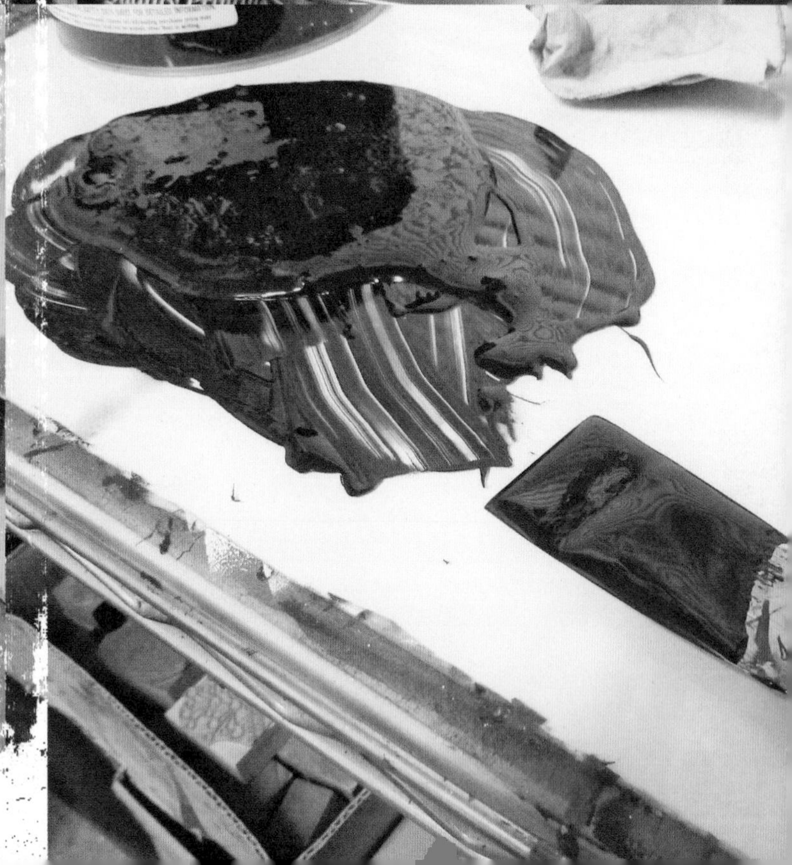

# HERRAMIENTAS Y MATERIALES

## XILOGRAFÍA:

**Bloques de madera** (recuerda que es mejor cortarlos paralelos a la veta si quieres obtener un resultado más compacto y que sea más fácil tallarlos).

**Papel**

**Tinta**

**Material para la talla:** Puedes comprar herramientas específicas o, en su defecto, usar los utensilios más básicos o afilados que tengas a mano, pero eso sí, ¡ten cuidado! Para conseguir trasladar los detalles a la talla con mayor precisión y lograr un acabado profesional, es recomendable tener un juego de al menos seis buriles y gubias para madera.

**Rodillo** (para extender la tinta sobre la madera).

**Cosas que te harán la vida mucho más fácil:** un cepillo (para retirar el serrín y las virutas de madera); un lápiz (para dibujar en la madera antes de empezar a tallar); una placa de vidrio (sobre la que extender la tinta); algo con lo que hacer presión sobre el papel y la madera (hay gente que utiliza una simple cuchara).

## SERIGRAFÍA:

**Prensa** (puedes comprarla hecha o montarla tú; recuerda que debe incluir bisagras para sujetar las pantallas).

**Papel**

**Tinta**

**Pantallas** (pueden comprarse hechas o hacerse y tensarse en casa).

**Emulsión** (con ella se cubre la pantalla para iniciar el proceso fotográfico de "quemado" de la misma).

**Fotolito** (la impresión del diseño será totalmente opaca, pero el resto es translúcido para que la luz pase a través de la pantalla durante el insolado. Normalmente, el fotolito se imprime en acetato transparente, pero también se puede hacer con rubylith o dibujando o disponiendo formas o materiales para que impidan el paso de la luz).

**Light to Expose the Screen** (el tiempo de insolación para obtener un buen revelado variará en función de la fuente lumínica o del tipo de lámpara utilizada).

**Cinta de carrocero** (para fijar y cerrar el paso a la luz a través de las pantallas)

**Racleta** (para extender la tinta por la pantalla).

**Recuperador** (para limpiar la emulsión de las pantallas y dejarlas listas para un nuevo uso).

**Zona de lavado** (es fundamental en serigrafía, pues los productos son muy penetrantes y hay que limpiarlos con mucho cuidado y a cierta distancia).

**Material de limpieza**

**Cosas que te harán la vida mucho más fácil:** una reguera (un utensilio muy simple que sirve para volcar y extender la emulsión sobre la pantalla); una mesa de luz (te ahorrará muchísimo tiempo y elimina gran parte de la incertidumbre que supone trabajar con medios más anárquicos); una regla T (para medir y alinear elementos en ángulos de exactamente 90 grados); trapos (este es uno de los métodos de impresión más sucios que existen); un reloj o cronómetro (para medir los tiempos de insolación); una nevera (en la que guardar la emulsión); un cuchillo de paleta (para tapar los huecos de la pantalla con más emulsión); una espátula (para retirar el exceso de tinta).

## IMPRESIÓN TIPOGRÁFICA:

**Prensa** (puede que tengas una en casa, y si no, puedes usar la que tengan en algún otro sitio).

**Papel**

**Tinta** (de base oleosa o plástica).

**Tipos** (piezas de metal para componer a mano). También puedes hacer planchas, o encargarlas, en cuyo caso no hará falta componer los textos a mano.

**Componedor** (en él se van depositando los tipos que conformarán las líneas).

**Cuadrados y espacios** (piezas de diverso grosor cuyo tamaño determina el tipo al que pertenecen).

**Regletas o interlíneas** (piezas similares a los espacios pero cuya función es establecer la distancia vertical entre las líneas de texto).

**Lingotes e imposiciones** (bloques de metal o madera que se utilizan para ocupar los espacios en blanco más grandes de la composición).

**Platina o mármol** (superficie plana sobre la que se deposita la composición, por lo general de piedra o metal, pero a veces también de cristal).

**Cuñas** (hacen falta al menos dos y una herramienta para ajustarlas, ya que son las últimas piezas que se incorporan y de las que depende que todo permanezca en su sitio antes de llevarlo a la prensa).

**Capuchinas** (se usan para evitar que el papel se mueva al accionar la prensa).

**Material de limpieza** (recuperadores, etc.).

**Cosas que te harán la vida mucho más fácil:** un tamborilete con el que golpear suavemente la forma una vez compuesta –los impresores más curtidos a veces cubren uno de sus extremos con una gamuza–; un revestimiento para el tímpano de un grosor específico muy homogéneo, que haga de "cama" de los pliegos que imprimamos.

puede transformar de repente en algo mucho más dinámico. Lo mismo ocurre al utilizar tinta negra sobre papel plateado en lugar del blanco estándar. En función de la presión con que se aplique la tinta, con algo de grano y textura se obtienen impresiones más ásperas y se ofrece un elemento táctil al destinatario final. Hay cientos de opciones distintas a la hora de escoger el papel, y cada una de ellas está repleta de posibilidades (y obstáculos potenciales).

El color del papel puede ejercer una influencia directa sobre muchos aspectos de tu proyecto. ¿Qué tintas de color usas? ¿Qué grado de opacidad pueden llegar a alcanzar y cómo cambian cuando se superponen a un color más oscuro? ¿Cómo afecta el color del papel a la percepción que tiene el espectador de las imágenes o el mensaje? Si el papel es oscuro, ¿cómo inviertes el diseño para que se perciba tal y como quieres? ¿O no lo inviertes?

El gramaje del papel es igualmente importante. Cuanto más pesado es el papel, mayor es el empaque que transmite y, a veces, esa profunda huella tipográfica característica de los pliegos gruesos puede ser lo que, en última instancia, haga que el trabajo conquiste al cliente. Otras veces, sin embargo, lo que se alaba es el atractivo efímero de la serigrafía, impresa por lo general en papel fino y barato, y a veces incluso en papel prensa.

Si eres tú quien imprime tus diseños, pronto darás con tu papel favorito, pero siempre merece la pena recordar que en tiradas pequeñas el coste del papel no es tan importante, lo que supone una oportunidad excepcional para la experimentación, sobre todo porque, si es necesario, se puede dar marcha atrás y poner un tipo de papel distinto antes de la siguiente impresión.

## TÉCNICAS DE IMPRESIÓN

La impresión artesanal tiene tantas particularidades que hay mucha gente que la considera una técnica en sí misma, y la serigrafía y la impresión tipográfica sin duda entrarían dentro de esa categoría. Pero, además, hay otras técnicas adicionales empleadas en distintos procesos de impresión que también podrían incorporarse al abanico de recursos del que disponen los pequeños talleres. Como la impresión tipográfica y la xilografía son métodos de impresión en relieve, funcionan de manera similar al gofrado, que consiste en crear una impresión en relieve o en hueco ejerciendo presión en la prensa con una forma sin entintar (normalmente metálica). En esencia, la serigrafía es un proceso muy similar que puede complementarse con la aplicación de barnices o recubrimientos metálicos, que requieren pases adicionales. Los barnices, cuyo acabado presenta distintos grados de reflectividad, son un recubrimiento líquido que hace las veces de tinta y sirven para destacar una zona concreta o aportar brillo. Los *foils* o recubrimientos metálicos se adhieren incorporando el calor al proceso y aportan a su vez brillo y reflectividad a la superficie de la lámina.

## EXPERIMENTACIÓN E INNOVACIÓN

Ahora que ya conoces las reglas, va siendo hora de empezar a romperlas.

Diseñar material gráfico para imprimir parece una tarea bastante sencilla. Si queremos dibujar o pintar algo, o hacer copias de una foto o una tipografía que hemos diseñado en el ordenador, quemamos una pantalla o hacemos una plancha con la que imprimir una tirada. Pero el proceso puede resultar mucho más rico y complejo, y cuando dispones de un taller, o tienes la posibilidad de acceder a uno, el trabajo de diseño previo puede ser una aventura en sí mismo. Puedes rajar la pantalla por donde te plazca, superponer patrones antiguos al nuevo diseño, añadirle hojas de plantas embadurnadas de aceite de oliva entre dos láminas de acetato o esparcir recortes de papel antes de insolar las pantallas, tú eliges. También puedes sustituir las planchas y los tipos metálicos de la prensa tipográfica por trozos de objetos reales: imagínate usar un trozo de disco de vinilo para imprimir una lámina en la que quieres que salga un disco de vinilo roto. Una vez que domines las herramientas (¡no rompas nada!), podrás estirar al máximo sus posibilidades.

La aplicación de la tinta es una de esas partes del proceso sobre las que no solemos pararnos a pensar, pero el orden y el modo en que se haga puede cambiarlo todo. Quedarse corto de tinta o aplicar una cantidad excesiva puede determinar el alcance de tus creaciones,

# LO MÁS GUAY QUE HE VISTO NUNCA

## "Blush" de The Little Friends of Printmaking's

El equipo conyugal que forman JW y Melissa Buchanan se propuso adaptar una ilustración que habían elaborado para la edición en rústica de la colección de relatos cortos *Demons in the Spring*, de Joe Meno, pero se topó con unas cuantas dificultades. "A veces, cuando trabajamos en una ilustración que no pensamos que vaya a ser serigrafiada jamás, tendemos a volvernos un poco locos añadiendo colores y detalles que dificultan el proceso", explica JW. Cuando subieron la imagen a internet, se desencadenó una avalancha de peticiones para que pusieran a la venta la versión en lámina impresa. "La cuestión no dejaba de rondarnos la cabeza", admite JW. "¿Cómo adaptar 'Blush' para serigrafía?" Un año después tuvieron una revelación y se decidieron a llevar a cabo el proyecto, con todo lo que ello implicaba. "El fondo es la última capa que se imprime, y todas las capas previas están repletas de adornos enormes, cargados de detalles a propósito", añade. "No queríamos utilizar medios tonos; no nos gusta ese aire crespo y distorsionado. Así que acabamos utilizando ocho pantallas distintas para plasmar todos los colores. Ocho tintas y cerca de unas sesenta variaciones de color perceptibles."

**Título:** *Tastee Treats 2012*

**Diseñador:** The Little Friends of Printmaking

**Tamaño:** 48,3 x 63,5 cm

**Técnica de impresión:** Serigrafía

**Número de tintas:** Tres

*El dúo formado por JW y Melissa Buchanan decidió reeditar esta lámina de 2006 tras recibir una serie de peticiones al respecto. La ejecución de la edición original les parecía algo más tosca de lo deseado, así que se pusieron manos a la obra y la modificaron. "Normalmente no trabajamos de nuevo ni rediseñamos obras antiguas, porque al hacerlo puede perderse parte del encanto inicial de la pieza, pero en este caso sentíamos la necesidad de hacerlo", explica JW. La decisión les permitió experimentar con algunas ideas. Aunque mantuvieron las imágenes de trama que dominaban su producción de aquella época, imprimieron "los colores más oscuros primero, lo que contraviene la norma en serigrafía pero da lugar a cambios de color alucinantes", añade.*

**NOTA:** A pesar de todos los filtros mágicos que se han ido desarrollando para Photoshop con el paso de los años, no hay nada como la textura de algo hecho a mano de verdad. Para conservar esa calidad auténtica y única, muchos ilustradores trabajan a partir de pequeños grabados xilográficos.

**Título:** *Unholy Night*

**Diseñador:** The Heads of State

**Tamaño:** 12,7 x 20,3 cm

**Técnica de impresión:** Xilografía

**Número de tintas:** Tres

*La obra, creada para la cubierta del libro* Unholy Night*, de Seth Grahame Smith (según Dusty Summers: "una típica historia gore navideña", donde los tres reyes magos "dejan un reguero de sangre al abrirse paso por el camino que lleva a Belén"). Para dar vida a estos magos "gravemente perturbados", trabajaron a partir de grabados en madera hechos por ellos mismos, lo que les proporciona a las láminas esa textura natural que se logra al poner poca tinta y que ningún filtro de Photoshop puede igualar.*

# MI ESPACIO DE TRABAJO: ANTHONY DIHLE, FIRE STUDIO

"La serigrafía es un poco como la cocina", dice Dihle entre risas. "Es todo lo complicada que quieras que sea." Durante varios años, Dihle imprimía en casa "en mi aprtamento, en una mesa de hockey aéreo, y lavaba las pantallas en la bañera". Pronto se trasladó a un pequeño espacio en una antigua tienda. "Lo comparto con un amigo, y la verdad es que es genial que sea así, aunque estemos un poco estrechos", añade, justo antes de compararlo con imprimir en un submarino.

Independientemente del sitio del que dispone, Dihle siempre ha apostado por la sencillez. "Lo fundamental para mí es tener una mesa, racletas, un sistema de lavado y otro de insolado." Ni siquiera tiene mesa de luz. "Utilizo un trípode viejo con un foco de 500 vatios atado en el centro y la luz enfocando al suelo", dice. "Lo tengo enchufado 21 minutos y la cola queda perfecta."

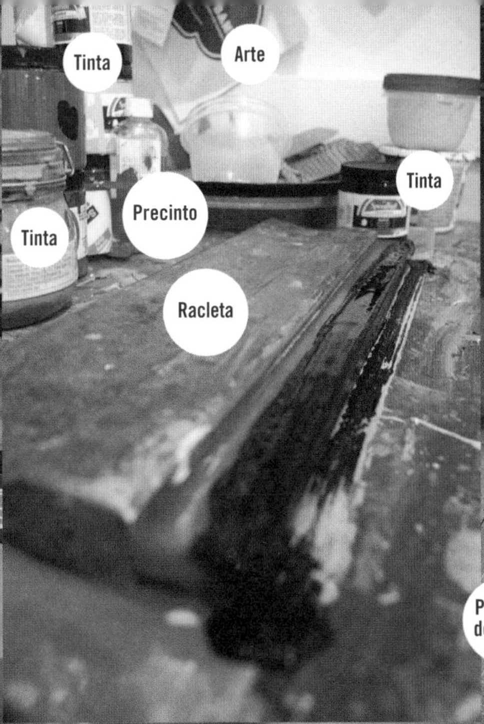

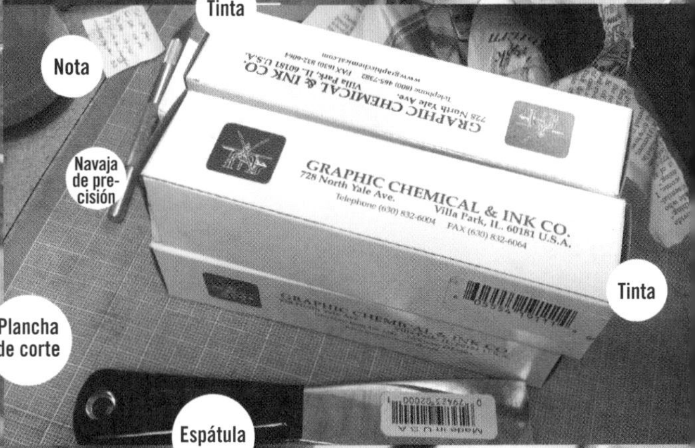

Dihle tiene fama de hacer tintas con cualquier cosa, incluso con arándanos.

Dihle suele imprimir con plancha xilográfica sobre sus serigrafías como toque final.

**Título:** *The Riverbreaks, March 3*

**Diseñador:** Anthony Dihle/Fire Studio

**Tamaño:** 38,1 x 58,4 cm

**Técnica de impresión:** Serigrafía y xilografía

**Número de tintas:** Cinco

**NOTA:** Dihle se ha convertido en el maestro de las imágenes de trama, con las que experimenta hasta obtener el resultado deseado. A veces ese resultado no es ni siquiera el que se había propuesto en un primer momento, pero sigue adelante aprovechando las opciones nuevas y mejoradas conforme se le presentan. Para la impresión de *The Riverbreaks*, el cielo es una foto trasladada a una trama en cuatricromía sin la capa negra.

**Título:** *Adam Carolla at the Fillmore Silver Spring*

**Diseñador:** Anthony Dihle/Fire Studio

**Tamaño:** 38,1 x 61 cm

**Técnica de impresión:** Serigrafía

**Número de tintas:** Tres

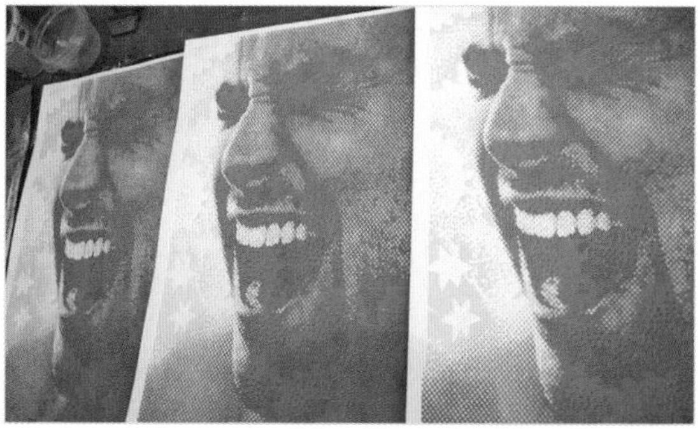

**Título:** *The Riverbreaks, December 15*

**Diseñador:** Anthony Dihle/Fire Studio

**Tamaño:** 43,2 x 61 cm

**Técnica de impresión:** Serigrafía y xilografía

**Número de tintas:** Cuatro

*"Esto es lo que pasa cuando te dan seis semanas para hacer un póster", dice entre risas el diseñador Anthony Dihle. "La cosa se te va de las manos." La lámina final acabó incluyendo "tres métodos de impresión distintos, entre ellos rotativa de prensa a cuatro colores, serigrafía a tres colores y un grabado en relieve a un solo color con tinta tipográfica comercial". Dihle llevaba ya un tiempo queriendo imprimir en papel de periódico, "pero conseguir que el póster se leyera bien sobre un fondo de alto contraste como la primera página del* Washington Post *no era tarea fácil", admite. Rehuyendo las tintas para serigrafía, se propuso dar con una solución al problema. "¡Y apareció la tinta tipográfica!", dice, triunfal. "El texto está tallado en una plancha de madera de guano de menos de un centímetro de grosor", explica Dihle. "Trasladé la imagen de una fotocopia con una técnica que consiste en embadurnar aceite de gaulteria por el reverso de la hoja, de manera que la tinta de la fotocopia acaba en la madera. Luego afiné el resultado, algo difuso, con un lápiz de color y retiré las zonas no coloreadas con un cúter." A la tinta tipográfica roja le añadió "una pequeña cantidad de blanco para aumentar su opacidad", y a continuación presionó "el papel contra la superficie de la plancha de madera entintada con un rodillo secante y ayudándome con los dedos, para mayor garantía".*

day, October 26
llmore Silver Spring
nesday, October 26
a Fillmore Silver Spring
y, October 26

MOBY

MOBY
MOBY
Wednesday, October 26
at the Fillmore Silver Sprin

**Título:** *Moby at the Fillmore Silver Spring*

**Diseñador:** Anthony Dihle/Fire Studio

**Tamaño:** 38,1 x 61 cm

**Técnica de impresión:** Serigrafía

**Número de tintas:** Tres

*"Empecé buscando ideas para las distintas capas entre diversas imágenes que tenía guardadas y patrones de mi archivo personal", explica el diseñador Anthony Dihle. Pronto, armado con un montón de recursos en bruto, hizo "unas doscientas copias, que luego escaneé para hacer un boceto para el cliente". Cuando obtuvo el visto bueno, empezó a quemar pantallas. "Imprimí capas lo más transparentes posibles, recurriendo al amarillo, luego al magenta y después al cian. Cuando llegué a la capa cian, me quede sin base transparente. Salí del paso añadiendo en su lugar un médium acrílico dorado en gel", explica. No obstante, la solución conllevaba otro problema. "El médium empezó a secarse en la pantalla, entre impresión e impresión." "Finalmente, lo pude resolver retirando el médium seco de la pantalla y añadiendo a la mezcla base de tinta incolora transparente y base retardadora. Aun así, se ven algunos grumos a la izquierda de 'Moby' en la banda azul horizontal", lo que deja constancia indeleble del forcejeo que supuso la producción de la obra.*

**Título:** *Psychedelic Furs and Tom Tom Club*

**Diseñador:** Anthony Dihle/Fire Studio

**Tamaño:** 40,6 x 63,5 cm

**Técnica de impresión:** Serigrafía

**Número de tintas:** Cuatro

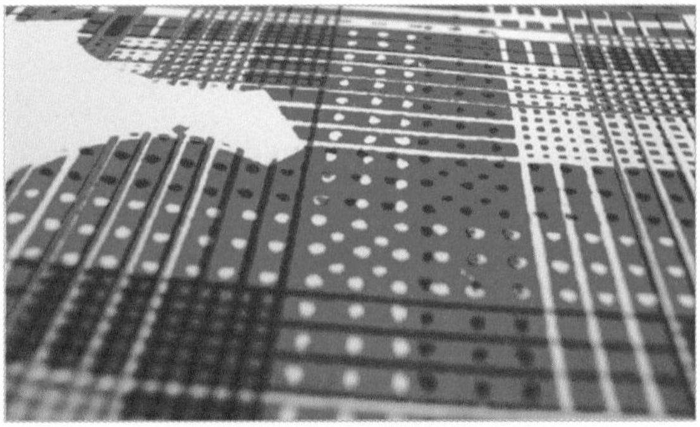

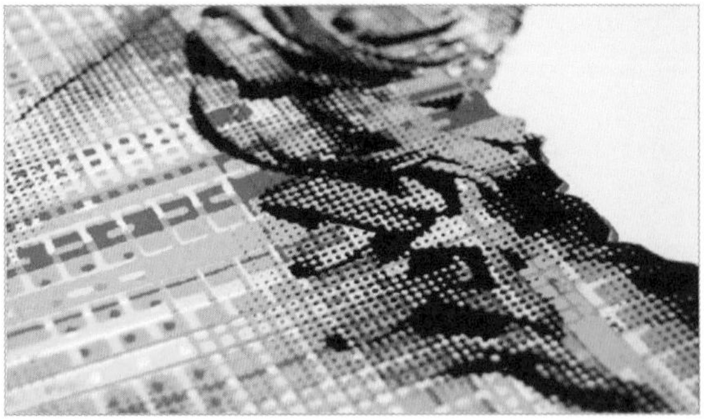

**Título:** *Advanced Wizardry*

**Diseñador:** The Little Friends of Printmaking

**Tamaño:** 48,3 x 63,5 cm

**Técnica de impresión:** Serigrafía

**Número de tintas:** Seis

*Cuando se enfrentaron a esta obra destinada a una exposición en Venecia, JW y Melissa Buchanan quisieron "hacer algo que incluyera más detalles de lo habitual, dado su noble destino", tal y como explica JW. "Decidimos diseñar una impresión en seis colores con muy pocos puntos de registro concretos, solucionando así un problema que los serígrafos han sufrido desde el principio de los tiempos: cuantos más colores utilizas, más te la juegas con el ajuste de las distintas capas", señala. "Por lo que hemos podido comprobar, el estrés que conlleva hacer serigrafías con muchas capas no tiene que ver con la carga de trabajo adicional, sino con la incertidumbre sobre si las capas encajarán o no armónicamente al final."*

**Título:** *Cycle Cat*

**Diseñador:** The Little Friends of Printmaking

**Tamaño:** 48,3 x 63,5 cm

**Técnica de impresión:** Serigrafía

**Número de tintas:** Dos

*"Este diseño empezó como serigrafía textil, pero se agotó enseguida y decidimos adaptarlo e imprimirlo también en papel." Al dúo formado por JW y Melissa Buchanan le sorprendió "lo bien que quedaba impreso a gran escala. Los detalles que se habían perdido en la impresión textil surgían de repente en el papel", explica JW. Al haber sido concebido como un diseño para tela, "el registro estaba perfectamente alineado y la paleta era limitada, lo que le daba un aire más austero de lo que suele ser habitual en las impresiones en papel".*

**NOTA:** Uno de los rasgos distintivos de las impresiones de The Little Friends of Printmaking es la subimpresión, que consiste en añadir en las primeras capas de tinta pequeños detalles que se adivinan a través de las capas sobreimpresas posteriormente.

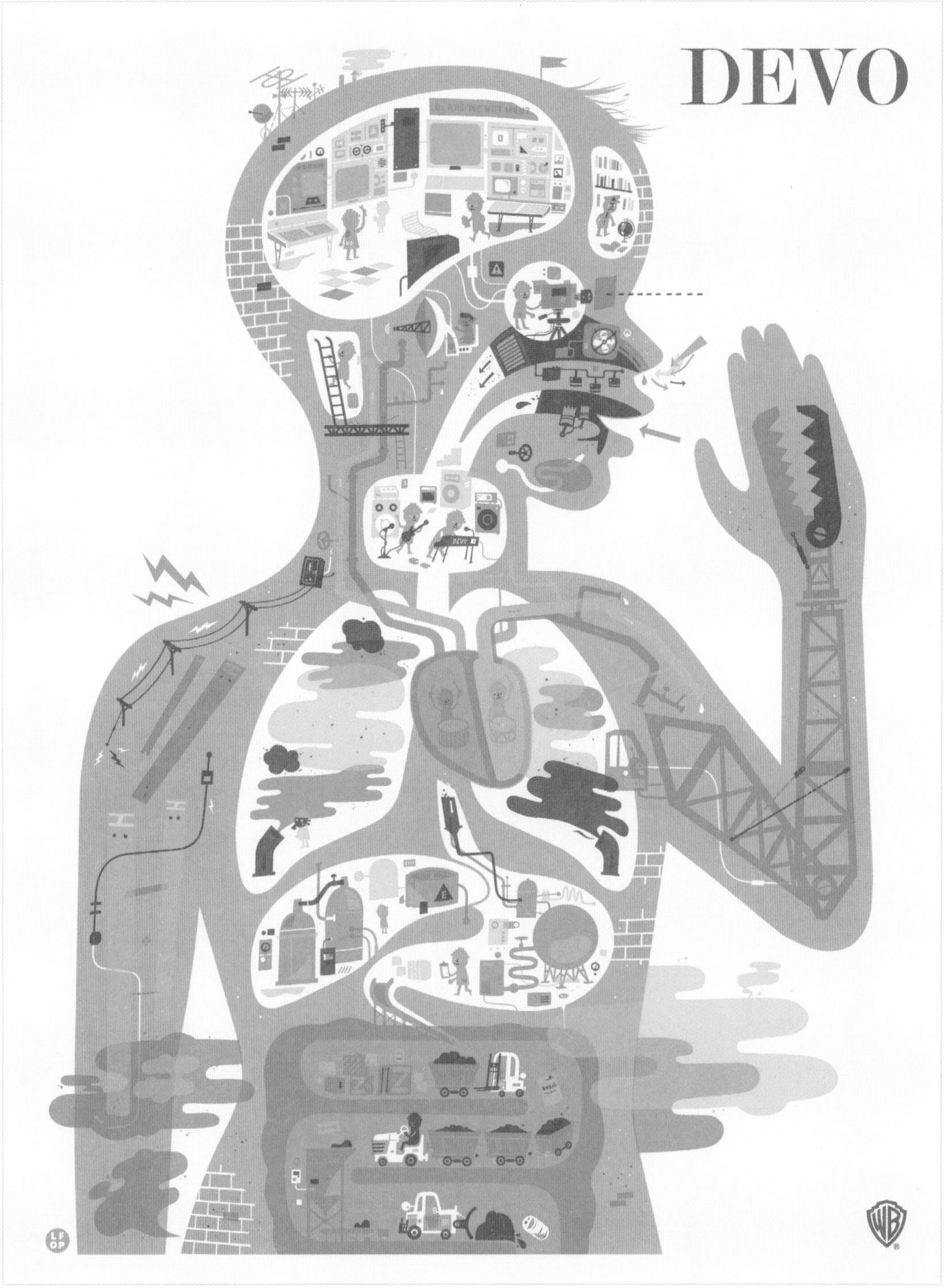


**Título:** *Devo Poster*

**Diseñador:** The Little Friends of Printmaking

**Tamaño:** 48,3 x 63,5 cm

**Técnica de impresión**: Serigrafía

**Número de tintas**: Cuatro

*Cuando les pidieron, a ellos y a otros artistas de renombre, diseñar una lámina para Warner Bros. Records en homenaje a uno de sus artistas con motivo del quincuagésimo aniversario del sello discográfico, JW y Melissa Buchanan enseguida eligieron a Devo. "La idea aquí, visualmente, era emular el uso de colores directos de los libros infantiles de ciencias, ser atrevidos y no dejar espacios en blanco", explica JW. "Eso nos permitió lograr ese aire como de registro imperfecto que refuerza el estilo retro."*

**Título:** *Opossom*

**Diseñador:** Print Mafia

**Tamaño:** 25,4 x 50,8 cm

**Técnica de impresión:** Serigrafía

**Número de tintas:** Tres

*"Teníamos la imagen desde hace años y dudábamos si usarla o no", explica la diseñadora Connie Collingsworth. "Pero cuando llegó este encargo de un cartel pequeño para Opossom, que nos dejaba total libertad creativa, la verdad es que no pudimos resistirnos y optamos por un diseño de la vieja escuela. La foto era tan buena –las expresiones faciales, los peinados a lo afro...– que solo hubo que añadir un toque de color." Y añade: "El amarillo chillón es uno de nuestros recursos favoritos, y con el rosa reinterpretábamos de una manera divertida las típicas gotas de sangre".*

**NOTA:** Print Mafia atesora una considerable colección de material de referencia y siempre está al acecho de nuevos hallazgos con los que aumentarla. Dejándose llevar por su predilección por lo kitsch, parecen tener un don para dotar de una nueva identidad a las fotos que obran en su poder. Además, nunca se olvidan de una imagen tan potente como la del póster, y prueba de ello es la paciencia que demostraron al esperar a que llegara el proyecto adecuado para usarla.

**Título:** *The Heisenberg Institute*

**Diseñador:** Print Mafia

**Tamaño:** 40,6 x 50,8 cm

**Técnica de impresión:** Serigrafía

**Número de tintas:** Tres

*La decisión de hacer algo inspirado en la serie de televisión* Breaking Bad *estaba tomada, pero la diseñadora Connie Collingsworth se lamentaba de que "el mundo del cartel esté repleto de calcos de fotos y retratos de los personajes de las series". Así que se basó en "la idea de retratar la premisa sobre la que se articula la serie y que es la razón del éxito de Walt: ¡la química! Walter White y Jesse Pinkman hacen la mejor metanfetamina porque la hacen como hay que hacerla, siguiendo parámetros científicos y no las fórmulas que suelen emplear en la calle". Entonces empezaron a proponer ideas sobre "un instituto científico que podría haber montado Walt si no se hubiera vuelto malo. El aspecto de los laboratorios de la década de 1960 nos parecía atractivo, y teníamos la imagen perfecta sacada de un viejo número de la revista* Popular Science*". Todos los elementos encajaron rápidamente.*

Pantalla
roja

Pantalla
azul

Pantalla
amarilla

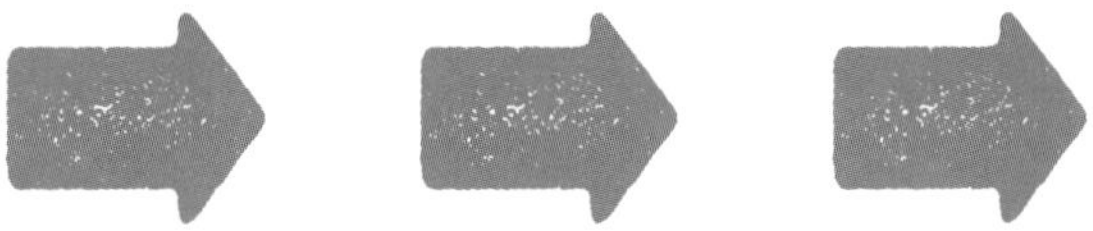

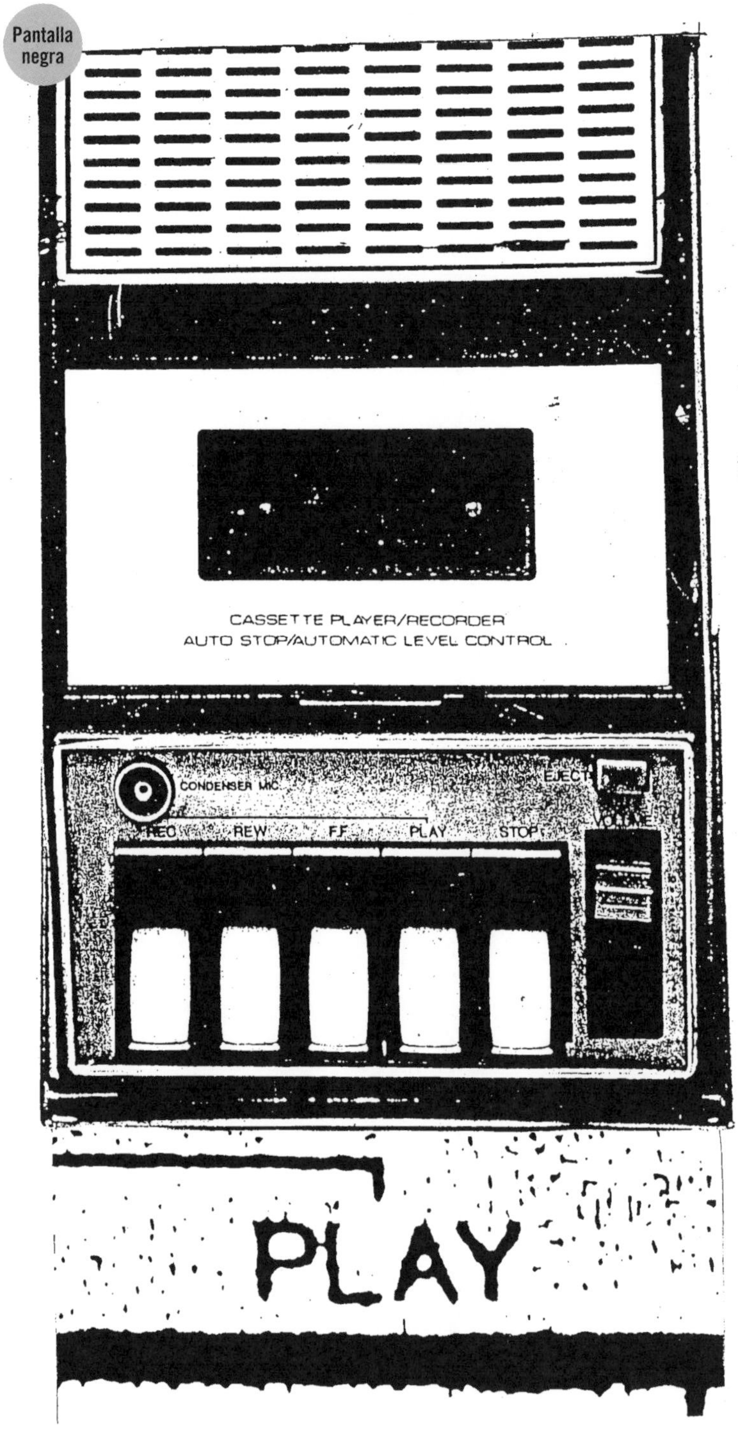
Pantalla
negra
CASSETTE PLAYER/RECORDER
AUTO STOP/AUTOMATIC LEVEL CONTROL
CONDENSER MIC
EJECT
VOLUME
REC
REW
F.F
PLAY
STOP
PLAY

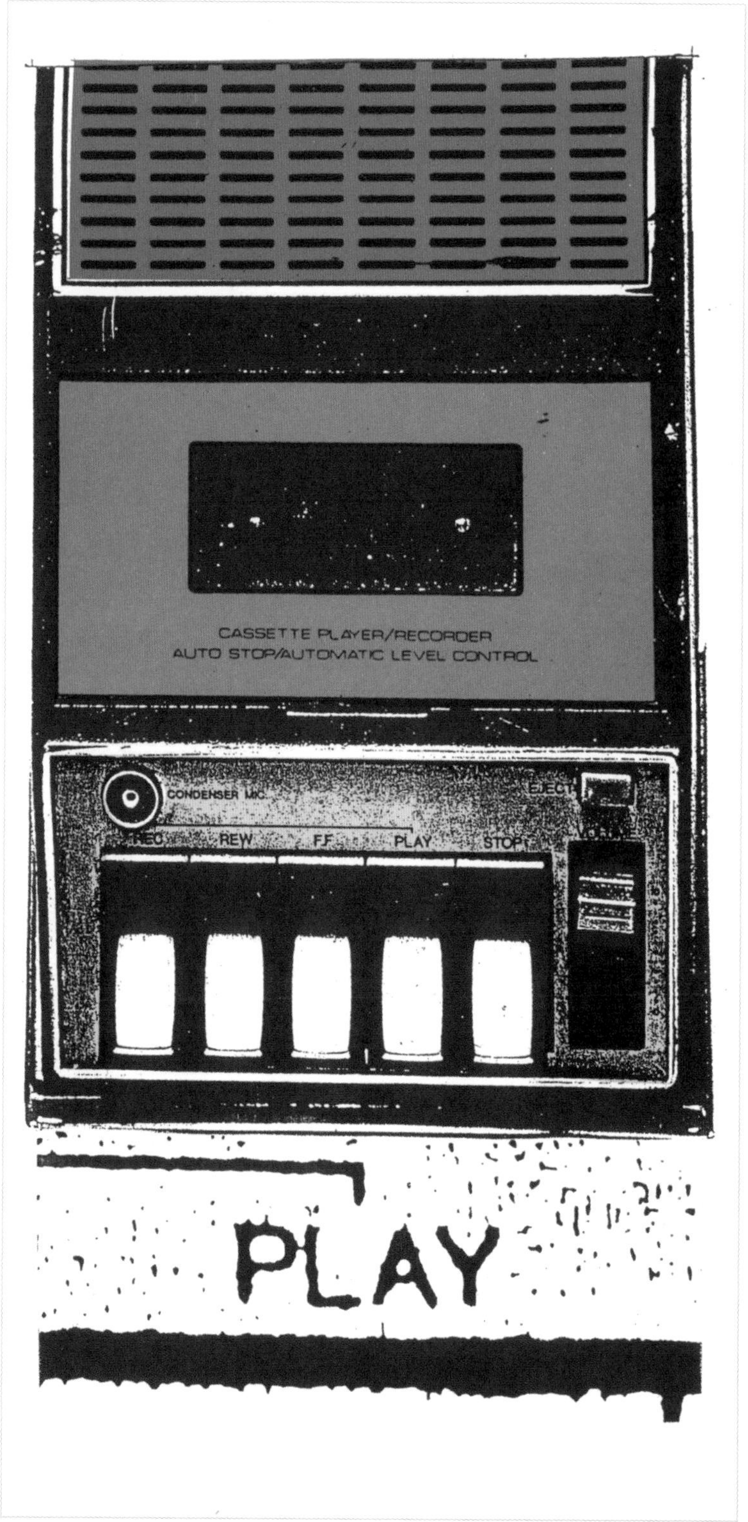


**Título:** *Cassette*

**Diseñador:** Print Mafia

**Tamaño:** 25,4 x 50,8 cm

**Técnica de impresión:** Serigrafía

**Número de tintas:** Cuatro

*"Originalmente este era un diseño para una camiseta de la línea que hacemos para la cadena de grandes almacenes Dillard, y siempre nos ha gustado mucho", explica la diseñadora Connie Collingsworth. "Viene de una fotocopia de una foto que le hicimos a un radiocasete que teníamos", apunta. "A eso le añadimos las líneas y la palabra 'PLAY' para rellenar el espacio adicional que quedaba en el papel, ampliando el diseño más allá de las limitaciones originales de la camiseta." Se ríe al pensar en lo frecuentemente que se topa con esta imagen. "La razón por la que volvemos una y otra vez a los radiocasetes es nuestro amor incondicional por la clásica cinta recopilatoria casera."*

**NOTA:** Una vez listas todas las piezas, la combinación es simple: las pantallas del rojo, el azul y el amarillo se utilizan antes que la del negro, que se extiende sobre las capas anteriores dándole unidad al conjunto.

KISS
ALIVE 35
BUCKCHERRY
10.28.09
SOMMET CENTER
NASHVILLE
PRESENTED BY AEG LIVE
©2009 PRINT MAFIA WWW.PRINTMAFIA.NET

KISS
ALIVE 35
BUCKCHERRY
10.28.09
SOMMET CENTER
NASHVILLE
PRESENTED BY AEG LIVE
©2009 PRINT MAFIA WWW.PRINTMAFIA.NET

**Título:** *Hank KISS*

**Diseñador:** Print Mafia

**Tamaño:** 40,6 x 50,8 cm

**Técnica de impresión:** Serigrafía

**Número de tintas:** Una

*"Esta lámina proviene de otra serie de diseños", explica la diseñadora Connie Collingsworth. "Habíamos hecho dos carteles individuales para el concierto de KISS en Nashville con una imagen de Hank Williams, que en uno de los pósters aparecía maquillado como Gene y en otro como Paul. Cuando imprimimos aquellos carteles hicimos unas pruebas con las imágenes en blanco y negro utilizando solo la capa negra sobre un tono dorado y quedaron muy bien. Nos encantó la imagen y su sencillez." Más adelante la imagen volvió a la vida al "escanear y reducir la prueba de impresión e imprimirla de nuevo para hacer fotocopias en un solo color que utilizamos como flyers e incorporábamos como extra a los envíos de los pedidos de la página web". El círculo se cerró cuando decidieron que "la fotocopia en un solo color tenía un estilo tan de fanzine y era tan rudimentaria que también había que hacer láminas con ella", dice entre risas.*

**NOTA:** Una imagen puede tener varias vidas en manos de Print Mafia. De hecho, a menudo siguen vivas indefinidamente, pues siempre encuentran maneras de improvisar, revitalizarlas y experimentar con ellas en otros proyectos.

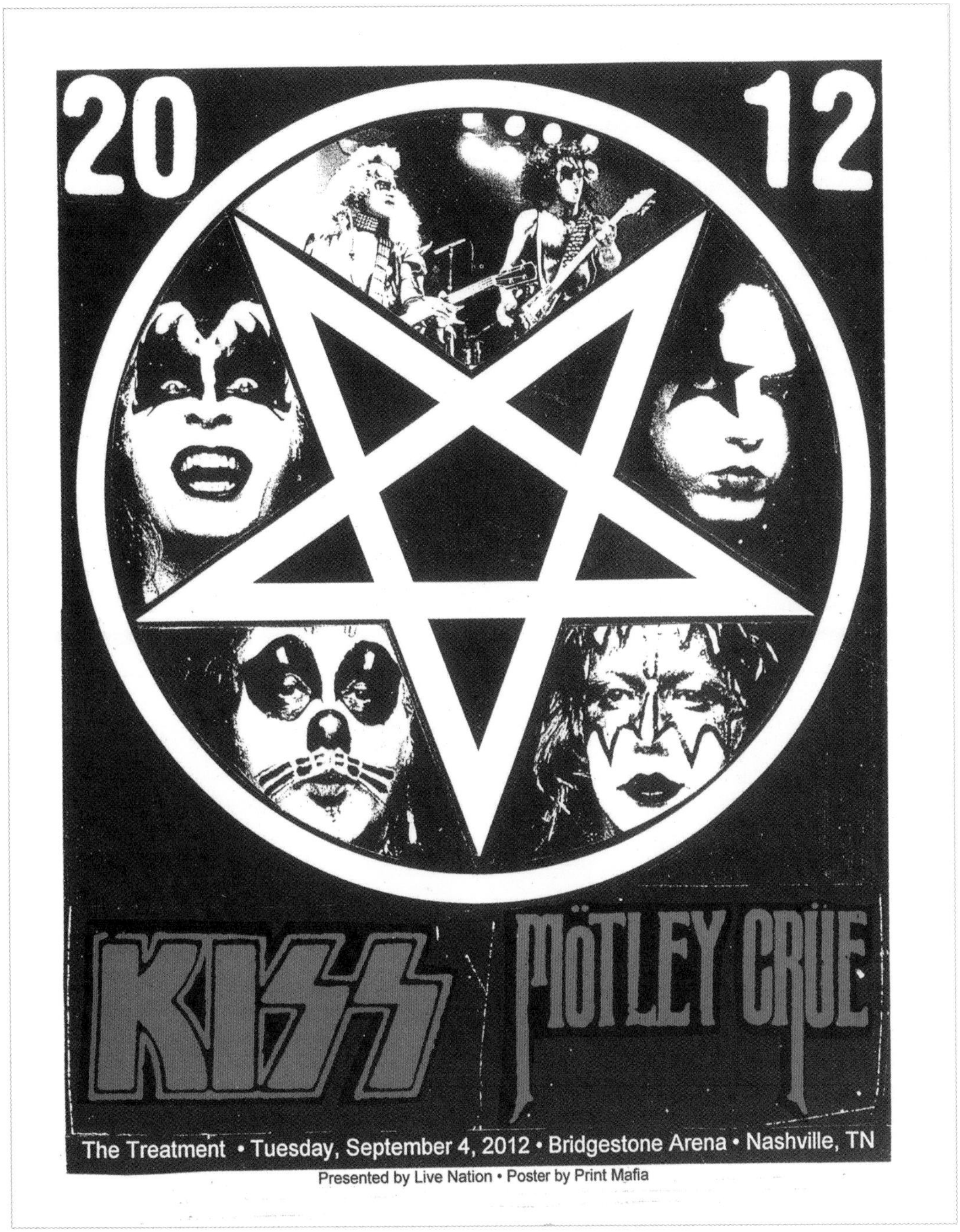


**Título:** *KISS/Mötley Crüe*

**Diseñador:** Print Mafia

**Tamaño:** 40,6 x 50,8 cm

**Técnica de impresión:** Serigrafía

**Número de tintas:** Dos

*"Hemos tenido la suerte de hacer unos cuantos carteles para conciertos de KISS a lo largo de los años. KISS fue una parte tan importante de nuestra infancia en la década de 1970 que siempre sentimos la presión de si estaremos o no a la altura de su imagen", explica la diseñadora Connie Collingsworth. "Las fotos de KISS siempre funcionan, porque realmente en ellas lo más importante es el maquillaje, y cuesta encontrar una que no sea genial de por sí", añade. Para este concierto doble con Mötley Crüe, "otro grupo que nos acompañó mientras nos hacíamos mayores y que nos encantaba", apostaron por lo conocido. "El pentáculo es probablemente el símbolo más fácilmente identificable con Mötley Crüe, y las divisiones que genera la estrella dentro del círculo eran perfectas para alojar las imágenes de KISS." Al estudio "le gusta asegurarse, siempre que se pueda, de que los carteles tienen una conexión auténtica con cada uno de nosotros", explica, "así que, para los logos de los grupos, ampliamos imágenes de anuncios extraídos de nuestras propias copias de la revista* Circus. *Los logos eran en realidad colgantes de KISS y Mötley Crüe. Pensamos que así llevábamos más allá nuestro estilo habitual, que consiste en cortar y pegar letras, y que con ello reforzábamos el estilo de revista metalera de los 70-80, que siempre está bien".*

**Título:** *That's What I Said*

**Diseñador:** Print Mafia

**Tamaño:** 40,6 x 50,8 cm

**Técnica de impresión:** Serigrafía

**Número de tintas:** Cuatro

*"A los dos nos llaman mucho la atención los logos y los personajes de anuncios antiguos", explica la diseñadora Connie Collingsworth. "Jim está obsesionado con algunos en particular, entre ellos el conejo de Bunny Bread." Partiendo precisamente de ahí, fotocopiaron "la marioneta de plástico que venía en las bolsas del pan, y sabíamos que la queríamos combinar con anuncios de ofertas de tiendas de ultramarinos de las décadas de 1960 y 1970. Después de mucho buscar ese tipo de anuncios sin resultados, me encontré con un periódico de nuestra ciudad del 6 de junio de 1970 en el escritorio de un amigo", dice Collingsworth. "No me lo podía creer, era justo lo que estábamos buscando para darle a la obra ese toque personal único que siempre nos esforzamos por conseguir."*

**NOTA:** Concentrarse en sus obsesiones saca lo mejor de Print Mafia, y apunta en la buena dirección en cuanto a las estrategias a seguir por cualquier diseñador o impresor que desee crear proyectos propios.

**Título:** *Famous Stereo*

**Diseñador:** Print Mafia

**Tamaño:** 40,6 x 40,6 cm

**Técnica de impresión:** Serigrafía

**Número de tintas:** Seis

*Algunos proyectos siguen una trayectoria curiosa, como explica la diseñadora Connie Collingsworth. "La imagen afro de esta lámina se utilizó por primera vez en el cartel de un festival de* soul *en 2004. Nos gustaba mucho la textura y queda fantástica al imprimirla, así que decidimos usarla en una pieza grande de madera que formaría parte de una exposición en una galería." Comenzaron trabajando la base "superponiendo a la madera capas de muchos colores y motivos y palabras relacionados con los discos de vinilo y la música* soul*", y a continuación "dispusimos la silueta de la figura sobre un cartón coloreado con pintura en aerosol y recortamos la silueta para utilizarla como plantilla. Al colocar la plantilla sobre la base de madera nos encantó cómo quedaba el borde blanco sobre ese impactante diseño multicolor de estampaciones afro." El siguiente paso parecía inevitable. "Cuando la pieza para la galería estaba lista, nos propusimos recrear las capas y reutilizar la plantilla", dando lugar a una nueva lámina que incorporaba la sorprendente imagen.*

Taller de papel y tinta *página 42*

FAMOUS
STEREO
SPECIAL SALE
LONG PLAY 33 1/3
Dept. 216
FRONT
Soul Sounds
$1.99
SPIN RAMA
8 TRACK
stereo
FRONT
Soul Sounds

TURNTABLE
STEREO
S T E R E O
LONG PLAY 33⅓
TRACK
DECCA FULL STEREO
STEREO
stereo

STERE
"360 SOUND"
TURNTABLE
STEREO
STEREO
LONG PLAY 33 1/3
TRACK
DECCA
FULL STEREO
THE ULTIMATE IN HI-FI
WST-8391-LP
STEREO
stereo
STEREO
SAMPLE COPY
NOT FOR SALE

**Título:** *Bardot No. 2*

**Diseñador:** Print Mafia

**Tamaño:** 40,6 x 50,8 cm

**Técnica de impresión:** Serigrafía

**Número de tintas:** Tres

*"Dos cosas que siempre nos han gustado son las fotos de Brigitte Bardot y la combinación de capas de amarillo, verde azulado y rojo", dice la diseñadora Connie Collingsworth. "Añadimos un blanqueado y algunas estrellas y espirales para completar el look... ¡aunque no sé muy bien cuál es el look!", añade, riendo, "pero sabemos que nos gusta y que es una mezcla de colores y un estilo que nos ha reportado muchos éxitos a lo largo de los años".*

**NOTA:** A veces la clave del éxito está en tus trabajos previos. Saber qué tintas interactúan bien y cuáles van más por libre le asegura a Print Mafia unos resultados increíbles.

**Título:** *Calendar*

**Diseñador:** Brady Vest/Hammerpress

**Tamaño:** 27,9 x 43,2 cm

**Técnica de impresión:** Tipográfica

**Número de tintas:** Tres

**NOTA:** Hammerpress nunca se olvida de los pequeños detalles, que son los que hacen que sus productos destaquen por encima de los demás. Este calendario llama la atención por sí solo, pero le ayuda la tarjeta que reza “impreso tipográficamente por nosotros para ti” que lo acompaña.

**Título:** *Pattern*

**Diseñador:** Brady Vest/Hammerpress

**Tamaño:** 20,3 x 22,9 cm

**Técnica de impresión:** Tipográfica

**Número de tintas:** Cuatro

**NOTA:** Uno de los rasgos distintivos del trabajo de Hammerpress son los motivos y patrones enrevesados. A menudo, el resultado final ofrece la posibilidad de perderse en los hermosos detalles del más diminuto rincón de la pieza.

**Título:** *Mysterioso Industrioso*

**Diseñador:** Brady Vest/Hammerpress

**Tamaño:** 21 x 27,3 cm

**Técnica de impresión:** Tipográfica

**Número de tintas:** Tres

**Título:** *Fight the Good Fight*

**Diseñador:** Brady Vest/Hammerpress

**Tamaño:** 27,9 x 43,2 cm

**Técnica de impresión:** Tipográfica

**Número de tintas:** Cuatro

CAPÍTULO 3

# ¿POR QUÉ IMPRIMIR?

Hemos repasado las razones prácticas por las que imprimimos y la historia que les subyace, pero no hemos explorado aún por qué imprimimos así, y por qué ahora. Seamos sinceros, si la cuestionamos desde distintas perspectivas, la impresión a pequeña escala no tiene demasiado sentido. Y aun así, ahí la tenemos, todo un nicho de mercado en constante expansión para diseñadores, artistas y artesanos que parece crecer cada día, ganando adeptos tanto de nueva hornada como de la vieja guardia. Tiene que haber muchas y muy distintas fuerzas implicadas que justifiquen ese deseo de involucrarse en algo tan aparentemente poco práctico, complicado y… bueno, tan pequeño. Si la razón fuera la fascinación que genera ser capaz de producir una pequeña lámina impresa, el interés se extinguiría tras la primera copia, sofocado por la frustración de los diseñadores ante lo irregular del proceso y el cansancio de los impresores, que tienen que lidiar con métodos y prensas arcaicos que cuesta la gota gorda poner en marcha debidamente. Pero no se queda ahí. Siempre va a más. Y quienes empiezan acaban obsesionados y pronto ya no tienen tiempo para otra cosa, ocupados como están en hacer todas las impresiones que puedan y, bastante a menudo, incluso alguna más.

Ese tirón tiene que ver con que este tipo de impresión cubre dos de nuestras necesidades básicas cuando el cerebro nos manda hacer algo: por un lado nos permite percibir una retribución por nuestras creaciones, y por otro ofrece un cauce para todas esas voces que nos inundan la cabeza instándonos a usar las manos para plasmar nuestras ideas de manera visual. En el fondo, es una mera cuestión económica y sentimental. Pero en realidad, ¿no lo es siempre?

*detalle de una lámina de Seripop*

## OPORTUNIDADES DE NEGOCIO

Como ya hemos dicho, la impresión artística y la impresión comercial coexisten desde antaño, pero hubo un tiempo en que apenas se tendían puentes que salvaran la distancia que las separaba. Hasta que surgió el movimiento del cartel de concierto y comenzó a reescribir las reglas del juego, acompañado de una tendencia generalizada a retomar los productos hechos a mano. Si a esto le sumamos que, de repente, las distintas escenas artísticas locales quedaran expuestas al resto del mundo gracias a internet, entendemos que lo imposible empezara, por momentos, a resultar posible. Esa celebración de lo artesanal es hoy en día una explosión en toda regla. Ya resulta totalmente aceptable regalar una lámina en un cumpleaños o un bautizo. Si alguien quiere que su correspondencia esté a la altura de su sentido estético, recurre a tarjetas postales y material de papelería proveniente de imprentas tipográficas. Etsy y Felt & Wire, y ferias como la Renegade Craft o Crafty Bastards, además de la gran cantidad de convenciones cartelísticas tipo Flatstock que se celebran cada año, junto a muchas otras cosas, han elevado a la enésima potencia el número de canales de venta.

Esto ha llevado incluso a los más indecisos a embarcarse en distintas aventuras. Los chicos de Aesthetic Apparatus han diseñado toda una línea de material impreso, al margen de sus diseños para conciertos, que abarca desde letreros mordaces para tiendas a tarjetas y posavasos, todo lo cual está a la venta en su tienda online Haute Crap. Strawberry Luna se ha convertido en todo un fenómeno del mercado artesanal con sus divertidos dibujos para la conocida serie del alfabeto animal. Frida Clements ha hecho de sus imaginativas ilustraciones impresiones artísticas. Los dibujantes de tiras cómicas Modern Toss han sacado al mercado pequeñas impresiones coleccionables (terroríficamente oscuras y divertidas) y hasta una plantilla para caricaturas lista para ser usada en ferias y otras ocasiones. Las galerías de arte, y sus versiones *pop-up*, han recibido con los brazos abiertos a todos estos creadores, con la esperanza de conquistar así a un público más joven y moderno. La tendencia ha calado incluso entre las grandes marcas, que también han hecho suyo el reclamo de lo rudimentario.

Siguiendo sus pasos hay toda una nueva promoción de artistas de distinta procedencia que se ha decidido a elaborar sus propias impresiones, tarjetas y productos, congregando con ello a una hinchada fiel, aunque a menudo carezcan de la formación o la experiencia de sus predecesores. El surgimiento repentino de tantas opciones en estos mercados no está libre de inconvenientes. Los recién llegados desconocen las reglas, y en ocasiones la ética de cada uno de los ámbitos profesionales afectados queda sumida en el caos. Al final, lo que todo el mundo quiere es ganarse la vida haciendo lo que le gusta.

Aunque algunos negocios dedicados a la impresión tipográfica, como Hammerpress, tienen una oferta consolidada de material impreso, que abarca desde pósters a tarjetas de felicitación o de regalo y artículos de papelería, hasta hace un tiempo no había mucha gente trabajando en el sector. Como explica el diseñador y educador Dirk Fowler, "lo cierto es que en los últimos cinco años parece que se haya triplicado o cuadruplicado el número de profesionales que se dedican a esto. Creo sinceramente que el crecimiento se debe a plataformas como Etsy, que han cambiado el terreno de juego considerablemente. Parece que cualquiera con una pequeña Kelsey Excelsior y unos cuantos tipos de metal puede imprimir tarjetas e invitaciones". No es que se queje, pero Fowler sí que apunta irónicamente que "la impresión tipográfica ha pasado a ser el último grito en artículos de papelería e invitaciones de boda, y yo no hago ese tipo de trabajos".

Para quien quiera probar suerte, la serigrafía es incluso más barata, y la llegada al sector de gente especializada en cartelería también divierte a Jay Ryan. "En los últimos años, he notado un aumento sustancial en el número de gente joven que se plantea esto como una opción profesional viable. Supongo que la culpa es de los diseñadores más veteranos, por dar la impresión de que aún nos queda dinero para comida después de gastárnoslo todo en papel y tinta", dice riéndose, antes de añadir, jocoso: "¡Niño, no me pises el césped!".

Lo cual no quiere decir que el beneficio no sea mutuo. Al llegar a un público más amplio, ha pasado algo gracioso: mientras que la comunidad del cartel de concierto llevaba años siendo un bastión masculino, en el mundo de

**Título:** *Portrait Booth Body*

**Diseñador:** Modern Toss

**Tamaño:** 15 x 19 cm

**Técnica de impresión:** Serigrafía

**Número de tintas:** Una

*"Los* Portrait Bodies *de Modern Toss se usan como punto de partida de retratos dibujados en directo. Tenemos una cabina de retratos plegable y portátil que llevamos a ferias y festivales para que la gente se haga caricaturas al estilo Toss." Esto permite a la firma imprimir en serie, sin que cada una de las copias que conforman el resultado final deje de ser única e irrepetible.*

**NOTA:** La tarjeta para retrato incorpora una técnica de acabado adicional al incluir el logo gofrado.

**Título:** *Work . . . Line Manager*

**Diseñador:** Modern Toss

**Tamaño:** 15 x 21 cm

**Técnica de impresión:** Tipográfica

**Número de tintas:** Una

**Título:** *Work . . . Shit Meself*

**Diseñador:** Modern Toss

**Tamaño:** 15 x 21 cm

**Técnica de impresión:** Tipográfica

**Número de tintas:** Una

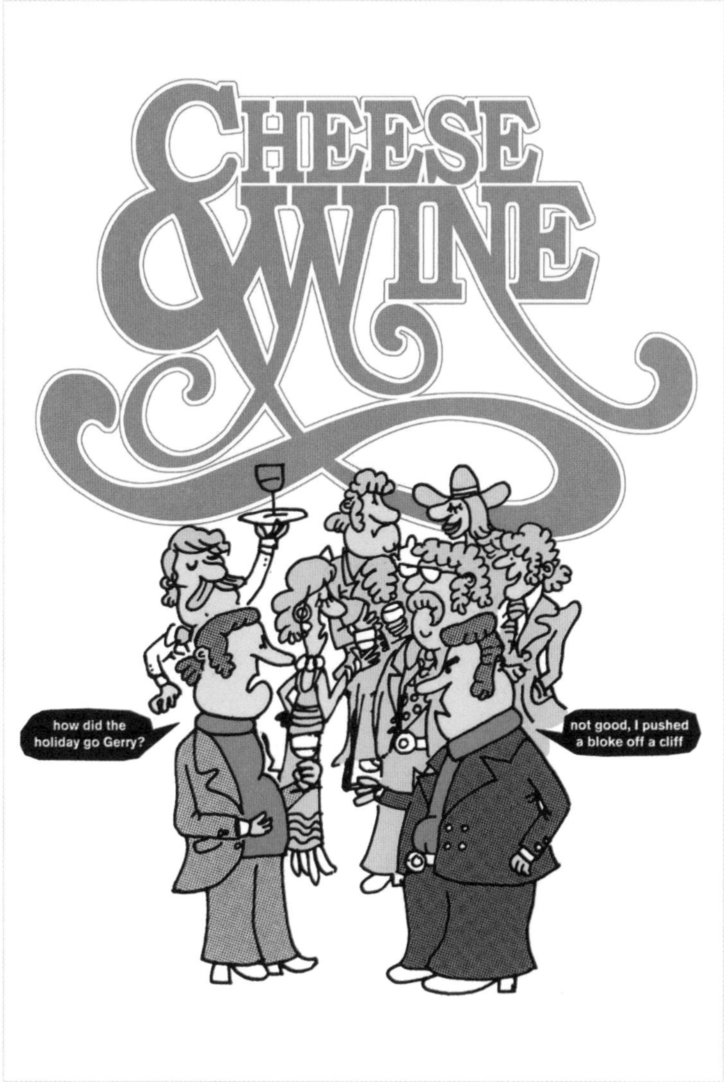


**Título:** *Cheese & Wine Holiday*

**Diseñador:** Modern Toss

**Tamaño:** 42 x 59,4 cm

**Técnica de impresión:** Serigrafía

**Número de tintas:** Cuatro

**NOTA:** Aunque Modern Toss incorpora toques resultones al proceso de impresión, ya sea tipográfica o en serigrafía, nunca pierden de vista lo más importante a la hora de vender sus láminas: el texto. En el mercado actual, no basta con imprimir bien y esperar que haya suerte. Hay que tener talento, pero también hay que ofrecer un estilo o un punto de vista únicos. Modern Toss se ha hecho un hueco gracias a sus comentarios cáusticos, que son como puñaladas en el abdomen de la sociedad. En muchos sentidos, sus diseños y sus (anti) ilustraciones sirven para subrayar lo importante que es el texto y para exigir que el público admita su brillantez.

©AESTHETIC APPARATUS CORP. U.S.A.

*La más sencilla de las imágenes puede plantear grandes dificultades en serigrafía. Cuantas más limitaciones tengas –como imprimir solo en dos tintas– y más efectos quieras lograr –por ejemplo, dotar a una tipografía plana de una sensación de tridimensionalidad– más te tendrás que esforzar para obtener buenos resultados. Los diseñadores Dan Ibarra y Michael Byzewski fueron en este caso capaces de adaptar a sus necesidades la tipografía Valuco, salida de su propio estudio. Modernizando algunas técnicas de la vieja escuela, emplean cuidadosamente porciones planas de naranja y blanco para compensar, por un lado, la ilusión de elevación que crea la alternancia de rayas naranjas y blancas en algunos de los paneles, y, por otro, el estatismo sugerido al sombrear otros tramos con rayas naranjas y negras.*

**Título:** *Yes We're/Sorry We're Signs*

**Diseñador:** Aesthetic Apparatus

**Tamaño:** 30,5 x 20,3 cm

**Técnica de impresión:** Serigrafía

**Número de tintas:** Dos

*Encontrar distintos nichos de mercado es el secreto para la supervivencia del impresor/diseñador a pequeña escala. Llegar a un mercado existente con un producto novedoso puede ser una de las maneras más fáciles de acceder al negocio. Con un sentido del humor único y la disciplina necesaria para saber que los rótulos debían parecer auténticos, el diseño de Aesthetic Apparatus se convirtió en un éxito de inmediato. Haciendo referencia a los omnipresentes carteles que informan de si una tienda está abierta o, si la suerte no te acompaña, cerrada, crearon un montón de variantes graciosas y atractivas.*

**Título:** *Swedish Poppy Horse*

**Diseñador:** Frida Clements

**Tamaño:** 27,9 x 35,6 cm

**Técnica de impresión:** Serigrafía

**Número de tintas:** Dos

*Tomando buena nota de lo competitivo del mercado del cartel de concierto, Frida Clements se dio cuenta de que, de entre sus diseños, tenía que impulsar aquellos que realmente la distinguían del resto. Aquí combina su original estilo como ilustradora y su herencia sueca para crear algo que solo se le podría haber ocurrido a ella.*

**NOTA:** Clements puso a la venta ediciones adicionales cambiando los colores base.

la feria artesanal sucedía lo contrario. "Las ferias y otros actos se han abierto a la gente del mundo del cartel, y creo que a sus productos les viene bien la visibilidad en ese otro contexto", dice el diseñador Anthony Dihle, añadiendo, "sinceramente, los artesanos varones son una cotizada minoría en los actos del gremio".

La llegada de profesionales ajenos al mundo de las bellas artes también ha cambiado algunas de las reglas del juego. "Hace algunos años había muchos serígrafos vendiendo láminas en ediciones abiertas, sin numerar, que seguían imprimiendo indefinidamente", explica JW Buchanan, de The Little Friends of Printmaking. "Esa gente no tenía grabados a fuego los métodos que había que respetar escrupulosamente, y el público los aceptaba sin articular ningún tipo de crítica." Fue al ampliarse el mercado más allá del pequeño círculo de coleccionistas del que se había nutrido hasta entonces cuando "realmente abrimos los ojos. Nos dimos cuenta de que podíamos lanzar ediciones múltiples de nuestras impresiones más vendidas, que es algo que no nos habíamos planteado hasta entonces. El público te dice lo que quiere, y a veces hay que tener la inteligencia de pararse a escuchar".

## LA CONEXIÓN EMOCIONAL

La gente creativa crea. Por supuesto, también tienen que comer y pagar el alquiler y elegir un par de prendas con las que cubrirse al salir a la calle, pero ante todo se ven arrastradas a hacer cosas de un modo que solo entienden quienes forman parte del gremio. No es una función que se pueda desactivar, y hay todo tipo de catalizadores para cada uno de los proyectos que uno se ve obligado a emprender. Puede ser una experiencia personal única, como encontrarse ante un lúgubre emblema nacional en un país extranjero, como sucede en el caso de la cruda *Permanent Shadow*, del por lo común jovial Jesse LeDoux; o el sentimiento agridulce que le embargó al volver de Japón a Estados Unidos y que plasmó en *Sayonara Gohan*.

Disponer de un medio con el que expresarse es fundamental para diseñadores y artistas, pero también deben tratar de dirigir ese sentimiento a establecer una conexión con el espectador, adentrándose en su propio caudal emocional y logrando que se sienta compelido a llevarse la obra a casa. Tender ese puente entre el autor de la obra y el consumidor, apuntalándolo con poco más que papel y tinta, es uno de los auténticos placeres que encierran estos métodos de impresión, ya sea la serigrafía o la impresión tipográfica, pues permiten un intercambio que no sería posible sin ellas: que cualquiera que se sienta conectado a una obra pueda convertirse en dueño de una de las copias de su edición limitada. Se mire por donde se mire, es una situación beneficiosa en la que todo el mundo sale ganando.

Imprimir con técnicas tradicionales también es una manera de liberar tensiones. "Me encanta todo lo que tiene de ritual. El acto mismo de imprimir", explica Denny Schmickle. "También requiere tiempo y dedicación", añade. "No me puedo ir a hacer otra cosa, porque entonces la tinta se seca en la malla y el trabajo se echa a perder. Es introspectivo y relajante cuando sale bien." También menciona el atractivo que tiene el "arte de baja estofa", verbalizando así una de las razones principales por las que muchos, sin darse cuenta, hacen esto. "También imprimo por sacarme una espinita. Crecí en un entorno muy obrero y aprendí a respetar el trabajo manual duro. La serigrafía es un tipo de impresión muy proletario." Tratándose precisamente de una opción nacida de la necesidad económica, Shmickle no podía estar más en lo cierto.

Para muchos, es cuestión de vocación. Fowler explica la sensación que lo embargó al visitar la emblemática Hatch Show Print y ver las prensas tipográficas por primera vez. "Supe inmediatamente, después de ver el proceso, que eso era lo que estaba destinado a hacer. Me fascinan las cualidades táctiles y poder ver y sentir la impresión. Simplemente me enamoré."

Nick Butcher, de Sonnezimmer, resume gran parte del atractivo que ofrecen ambos extremos del proceso de producción: "La serigrafía es asequible desde el punto de vista de los costes de producción, pero los resultados pueden alcanzar una calidad excepcionalmente alta. No se puede decir lo mismo de ningún otro medio de impresión". Echa un vistazo a su estudio y añade: "¿Sabes qué es lo que más me gusta del resultado final? Que lo hemos hecho todo desde cero, aquí, en este mismo estudio, en esta tienda".

**Título:** *Feist*

**Diseñador:** Frida Clements

**Tamaño:** 45,7 x 61 cm

**Técnica de impresión:** Serigrafía

**Número de tintas:** Tres

**Título:** *Raindrops*

**Diseñador:** Frida Clements

**Tamaño:** 45,7 x 61 cm

**Técnica de impresión:** Serigrafía

**Número de tintas:** Dos

**NOTA:** Clements se sirve de su estilo único a la hora de trazar sus característicos pájaros, pero además el diseño se ramifica literalmente, lo que constituye una solución tipográfica única. Una de las claves de su éxito es que siempre intenta llevar sus diseños un paso más allá, ya sea enfocando las cuestiones tipográficas desde una nueva perspectiva o maximizando la rentabilidad potencial de una imagen lanzándola al mercado como lámina.

MI HERRAMIENTA DE DISEÑO MÁS VALIOSA: *Denny Schmickle*

**“EL MOMENTO EN EL QUE EMPECÉ A ENTENDER CÓMO FUNCIONA LA SERIGRAFÍA, DESDE EL PUNTO DE VISTA DEL DISEÑO, FUE CUANDO EL DISEÑADOR DE CARTELES RICHIE GOODTIMES EXPLICÓ LAS VIRTUDES DE DISEÑAR EN CANALES, EN LUGAR DE EN CAPAS, EN PHOTOSHOP. LOS CANALES REPRESENTAN LAS SEPARACIONES DE UNA MANERA MÁS PRECISA, Y CUANDO POR FIN LO ENTENDÍ (CON LA AYUDA DE LOS GENEROSOS DISEÑADORES E IMPRESORES QUE FRECUENTAN GIGPOSTERS.COM), TODO EMPEZÓ A ENCAJAR.”**

## LO MÁS GUAY QUE HE VISTO NUNCA

### La serie de papel pintado de Denny Schmickle

Denny Schmickle es un sufridor. Se preocupa por todo. Se preocupa tanto que se podrían cubrir de arriba abajo las paredes de una galería con sus cavilaciones. Le preocupa la minúscula posibilidad de que sus hijos contraigan el virus del Nilo Occidental por la picadura del más pequeño de los mosquitos que pasan zumbando a su alrededor en el patio trasero de casa. Tiene sueños en los que se le caen todos los dientes y una fobia personal a las chinches, elementos que añade a la mezcla visual de sus diseños. Elabora un autorretrato reuniendo las cosas que más le gustan, pero no se puede resistir a compensarlas con las cosas que odia, y, por ejemplo, deja una pistola peligrosamente al alcance de su hijo, como tentándolo. Analiza excesivamente cualquier aspecto de todo lo que hace posible que respiremos, caminemos o conversemos. Además, hace todo esto con buena disposición y una de esas sonrisas que inspiran confianza, así que, ¿quiénes somos nosotros para cuestionar que quiera verter todas estas ideas, traducidas a patrones y motivos repetitivos, en rollos de papel para cubrir paredes?

Una vez tomada la decisión, Schmickle admite que "diseñar los motivos fue todo un reto. Quería que resultaran decorativos vistos desde cierta distancia, pero personales, quizá autobiográficos, de cerca. Así funcionarían al mismo tiempo como objeto de diseño y como arte personal y expresivo". Algunas de sus inquietudes al respecto pronto se revelaron como meras cuestiones de funcionalidad. "Uno de mis objetivos principales al diseñar los patrones era disimular las junturas", bromea. "Al investigar sobre patrones decorativos, me di cuenta de que una disposición a cuadros que se limitara a repetir una misma retícula podía resultar poco estimulante e insulsa. Sin embargo, una imagen que se repite sin un contorno claro se parece más a una bacteria en crecimiento y expansión. Y justo eso es lo que quería plasmar en estos diseños."

Para imprimir estos papeles pintados en su pequeño estudio, Schmickle tuvo que reinventar por completo su proceso de producción. "Normalmente hago carteles o láminas, y con solo unos ajustes puedo moverme sin dificultad", explica. "Pero al imprimir un rollo de papel, todo cambia. Había que adaptar el tamaño del rollo al de la mesa, al de los bastidores y al de la imagen de la malla. Esto no me había dado problemas nunca, porque siempre podía recolocar el pliego de papel como quisiera, pero al tener que imprimir un rollo, por fin tuve que prestar atención a lo que hacía", añade, sonriente.

"Al empezar a imprimir hice una línea con cinta de carrocero en la mesa de impresión para marcar la posición del borde inferior del rollo. Así, para imprimir cada patrón, hacía marcas de registro en el punto de la cinta donde había caído la imagen. Partiendo de ahí, medía dos repeticiones más y hacía más marcas. Mientras me documentaba, aprendí que hay que imprimir una pantalla sí y otra no de la serie para evitar manchas y borrones. Así que imprimía la primera, desenrollaba dos secciones más, imprimía la tercera, luego la quinta y así sucesivamente hasta completar los casi once metros de rollo que me hacían falta para la instalación. A continuación, comprobaba que las imágenes se hubieran secado, enrollaba el Tyvek otra vez y volvía a empezar de nuevo, esta vez ajustando las imágenes para imprimir las secciones pares." Schmickle decidió imprimir en Tyvek "porque retiene la pintura como el papel y facilita el montaje y (lo que es más importante) el desmontaje, porque se puede arrancar sin problemas de la pared evitando desgarros y roturas".

Gracias a su cuidada planificación "la instalación consistía simplemente en empapelar las paredes, como puede hacer cualquiera en su casa, con la excepción de que en este caso forramos la habitación de masonita para evitar echar cola directamente en las paredes de la galería", explica. Como el sufridor incansable que es, Schmickle "no estaba seguro de lo que costaría devolver las paredes de la galería a la normalidad una vez terminara la exposición, así que decidí pegar los papeles en masonita como medida de precaución. Partiendo de ahí, corté trozos de Tyvek del tamaño que me interesaba, usé un rodillo para aplicar una capa generosa de cola común para papel pintado, asegurándome especialmente de llegar a los bordes, y luego intenté disponerlos lo más rectos posible".

Solo entonces comenzó a distanciarse del papel y empezó a dejar que todas sus preocupaciones se convirtieran paulatinamente en un patrón hermoso y absorbente, que se volvía más bonito y reconfortante a cada paso que daba para alejarse de él.

**Título:** *Sayonara Gohan*

**Diseñador:** Jesse LeDoux

**Tamaño:** 45,7 x 45,7 cm

**Técnica de impresión:** Serigrafía

**Número de tintas:** Cuatro

*"Esta lámina es mi reacción al volver a Estados Unidos después de haber vivido en Tokio durante algo más de un año.* Sayonara gohan *significa 'adiós, arroz' en japonés. Por un lado, estaba bien volver a un sitio en el que tenía de nuevo algo de espacio para estirarme (mi apartamento en Tokio medía 46,5 $m^2$) y ser capaz de expresar exactamente lo que quería decir (mi vocabulario en japonés se limita a 'sí', 'no', 'por favor', 'gracias', 'lo siento', 'hola', 'adiós', 'aseo', 'cerveza' y 'whisky' –y las tres últimas son* toire, biru *y* uisuki, *respectivamente–). Por otro lado, la estancia en Japón fue increíble, y decir que lo echo de menos es quedarse muy corto. Es un lugar mágico. Me viene a la cabeza todos los días."*

**NOTA:** LeDoux utiliza la sobreimpresión en la última pantalla de negro para dar cohesión al resto de elementos e incorporar el estilo único de sus ilustraciones a lo que, de no ser por ese último añadido, no serían más que simples formas.

**Título:** *Permanent Shadow*

**Diseñador:** Jesse LeDoux

**Tamaño:** 40,6 x 50,8 cm

**Técnica de impresión:** Serigrafía

**Número de tintas:** Dos

*"En el Museo de la Paz de Hiroshima están expuestos los restos de las escaleras de piedra por las que se accedía a un banco. En las escaleras se distingue una forma circular, decolorada, que se conoce como la "sombra permanente". Había una persona sentada justo en ese sitio el 6 de agosto de 1945, esperando a que abriera el banco, cuando lanzaron la bomba atómica. La decoloración es lo único que quedó. Verlo me hizo pensar en lo frágil que es la vida y en cómo cada una de nuestras acciones afecta a quienes tenemos a nuestro alrededor. Esta lámina me recuerda que siempre hay que intentar ser lo mejor posible como persona, incluso cuando nadie nos ve."*

**NOTA:** LeDoux consigue un efecto sorprendente al imprimir primero una capa de blanco, seguida de las formas en negro, que le confieren un efecto sutil, como de barniz, al resultado.

**Título:** *Bumbershoot*

**Diseñador:** Jesse LeDoux

**Tamaño:** 45,7 x 45,7 cm

**Técnica de impresión:** Serigrafía

**Número de tintas:** Siete

*"Mientras le daba los últimos retoques a la campaña de 2011 de Bumbershoot (anuncios, artículos promocionales, folletos, pósters, etc.), los organizadores y yo decidimos hacer una impresión serigráfica conmemorativa. Como los distintos elementos que conformaban la campaña del festival estaban impresos en cuatricromía (menos los objetos promocionales, claro), se me encomendó la tarea de recrear mi normalmente ilimitada paleta de colores usando el menor número de tintas posible. Fui capaz de concentrar unos dieciséis colores visibles en solo siete tintas. Al sobreimprimir, afloran algunos colores y otros quedan anulados. Para añadir mayor profundidad visual, la mayor parte de las tintas incluyen pigmentos metálicos, lo que hace que la superficie brille bajo determinado tipo de luz."*

**NOTA:** La incorporación de una base metálica hace posible una experiencia visual muy especial que solo quienes poseen una de las láminas pueden disfrutar.

# LO MÁS DIFÍCIL QUE HE TENIDO QUE IMPRIMIR

## Sonnenzimmer

Nadine Nakanishi, de Sonnenzimmer, asegura que "la serie de carteles *Insound* nos planteó varios problemas técnicos, porque habíamos optado por tramar la imagen para imprimir en cuatricromía en lugar de en semitonos. Y subestimamos por completo la relación entre la viscosidad de las tintas y la ganancia de punto".

Butcher coincide en que este es el proyecto más difícil al que se han enfrentado. "También fue una locura por cuestiones de escala: diez carteles de entre diez y doce colores cada uno que, al juntarlos, formaban una imagen más grande. Y, además, teníamos poca experiencia con la cuatricromía en serigrafía", añade. "Desde luego, aprendimos mucho, desde hacer virguerías con la consistencia de la tinta para paliar la pérdida de punto, a ajustar la lineatura de trama para evitar que se formaran patrones de Moiré, pasando por la selección de mallas de la numeración adecuada para las pantallas."

# QUIERO MÁS COLOR (PERO NO ESTOY DISPUESTO A PAGAR POR ELLO)

### Bad People Good Things

Lo primero que hacen muchos diseñadores es ponerse a buscar la solución perfecta a toda costa, y solo después de encontrarla se plantean la viabilidad económica de la impresión, lo que a menudo supone renunciar a algunos de los detalles por el camino hasta llegar a un número aceptable de colores con los que dar vida a la creación. En mi caso, siempre me ha gustado enfrentarme a los problemas con la mayor cantidad de información posible, incluido el presupuesto, y solo entonces determino a qué dificultades se enfrentan mis instintos creativos y busco maneras de superarlas (o eludirlas por un túnel subterráneo). A menudo, saber de antemano que un cliente se puede permitir solo dos o tres colores, o un tamaño concreto, determina directamente el rumbo que emprendo. Me parece que las limitaciones sacan lo mejor de mí y de mi trabajo, me hacen aprovechar al máximo mis capacidades, y me esfuerzo por conseguir eso mismo de mis impresores. Este es un ejemplo estupendo, diseñado para Lost in the Trees. Sabían que querían un tamaño poco común y una tirada bastante grande, así que me puse a hacer números. Y llegué a dos conclusiones fundamentales: que solo se podían permitir tres colores y que parte de los pliegos acabarían hechos recortes en el suelo del taller. Estaba decidido a superar ambos escollos.

Logré solucionar la segunda dificultad cuando se me ocurrió imprimir un juego de tarjetas en uno de los márgenes del pliego, dejando al otro un gran cartel cuadrado que los admiradores de Lost in the Trees iban a apreciar. El tema del color era algo más complicado. Estuve experimentando con colores mientras trabajaba en el diseño, y conseguí encontrar tres que combinaban bien y además tenían la capacidad de dar lugar a colores adicionales en sobreim-

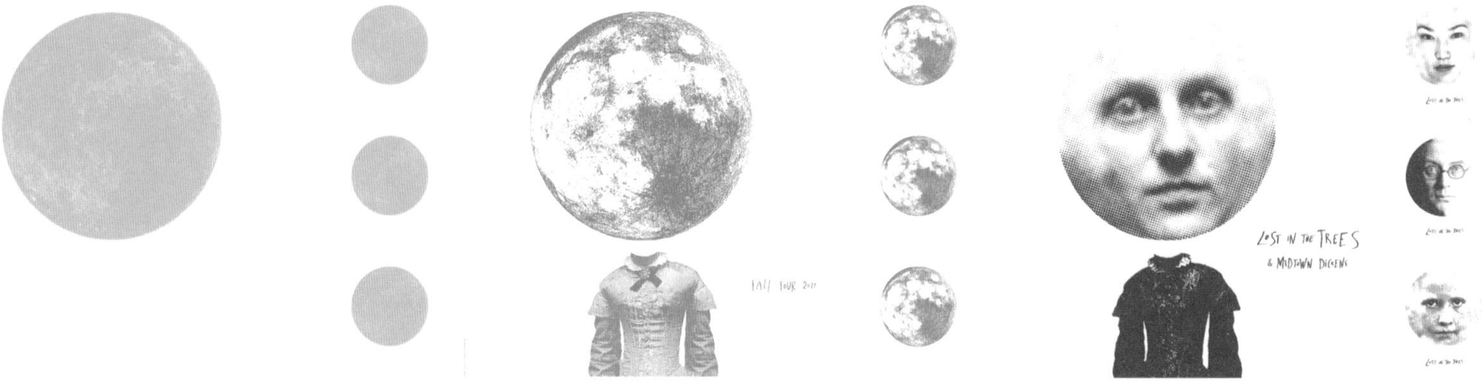


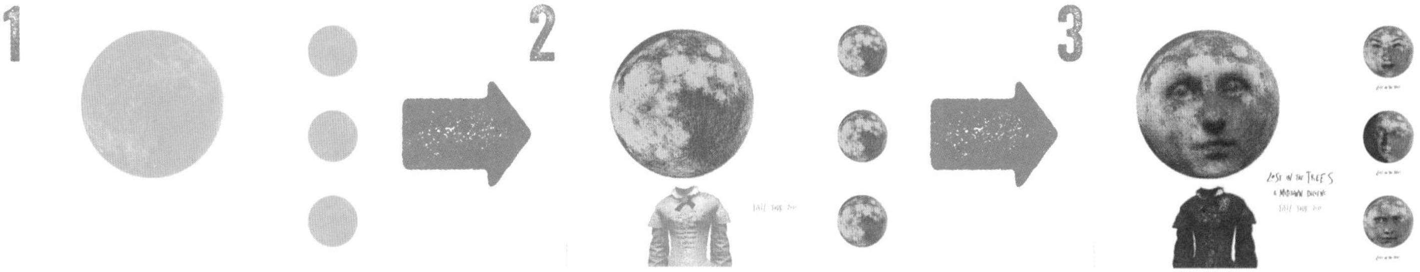


presión. Sabía que aquello suponía poner a prueba a la buena gente de Grand Palace Silkscreen, pues eran ellos quienes iban a imprimir el encargo, pero aceptaron el reto casi con tanto entusiasmo como yo. Ese es nuestro mayor vínculo, y saber que tienen la capacidad de hacer realidad mis ideas, a veces incluso mejorándolas por el camino, es lo que me permite tomar decisiones como esta.

Uno de los trucos que he descubierto con el paso del tiempo es que conviene contar con un color claro y dos colores medios cuando se quieren conseguir cinco colores a partir de tres tintas. Hay cierta tendencia a incluir un color oscuro en la selección, pero los colores oscuros son dominantes y limitan el potencial de la sobreimpresión, mientras que dos colores medios se pueden sobreimprimir para formar uno oscuro y seguir creando colores adicionales en función de la luz.

Para este proyecto, sabía qué colores preferirían el cliente y su público, y mediante ensayos y errores pude dar con los tres que resultarían más versátiles al imprimir.

**PASO UNO** El PMS 116 forma la base amarilla con la imagen de la luna. Este es uno de mis amarillos favoritos, porque es brillante y cálido. Esta imagen es vectorial. Lo normal es imprimir los colores claros primero.

**PASO DOS** Aplicamos el PMS Process Cyan. Lo utilizo para crear el contraste y la definición en la forma de la luna e ir imprimiendo los detalles más sutiles del cuerpo/vestido que terminaremos en el paso tres. Esta imagen también es vectorial.

**PASO TRES** Terminamos con PMS 512, que añade el color al cuerpo/vestido y las caras a las lunas. Esta pantalla es una mezcla de imagen vectorial para el cuerpo e imágenes en semitonos para añadir textura y expresión a las caras.

En la mesa en la que hemos preparado las tintas hay amarillo, azul claro y púrpura, y sin embargo no hallamos ni rastro de dos de los colores principales de la obra final.

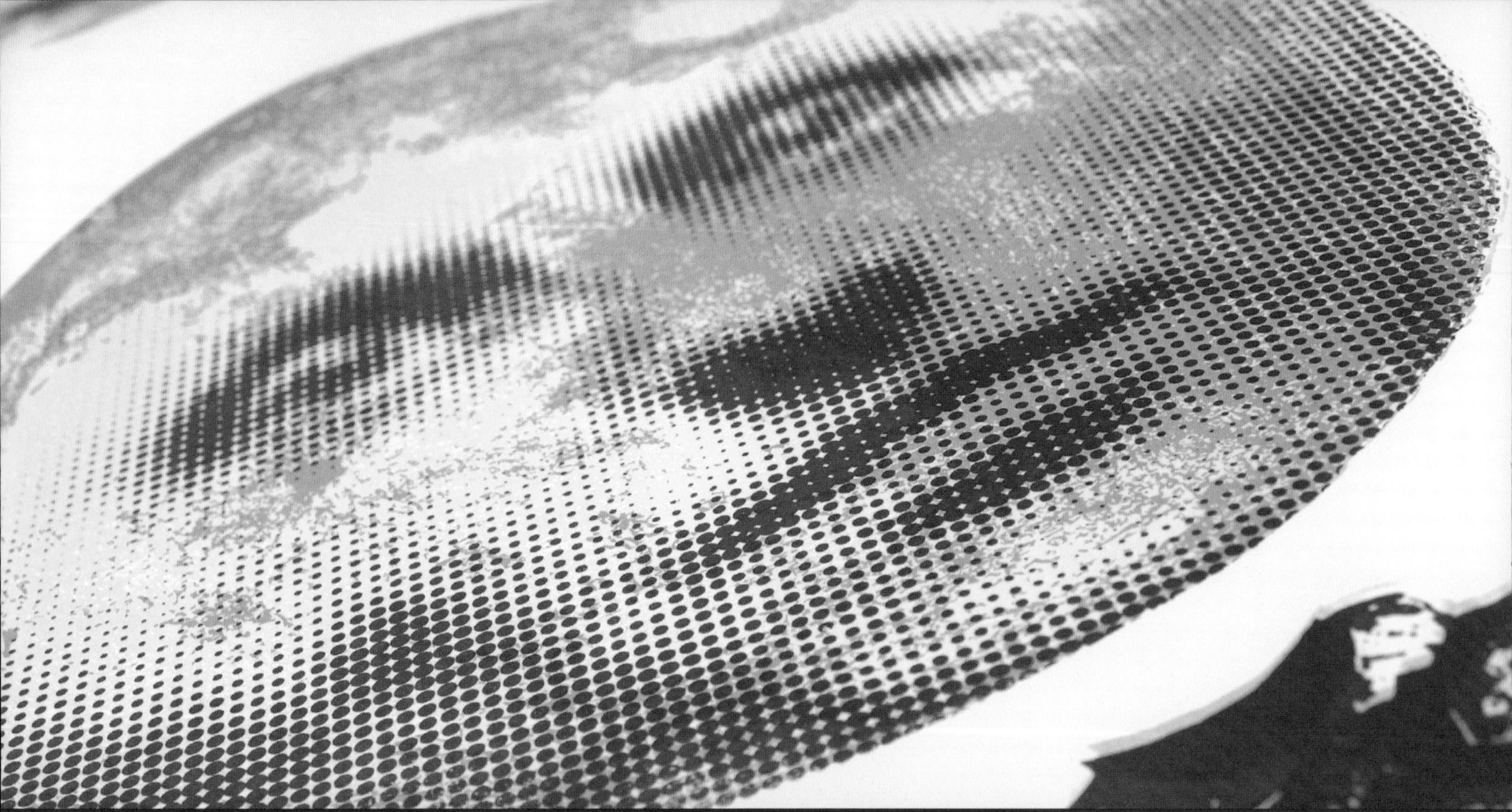

¿Qué ha pasado? Hay mucho rojo y verde en el producto final, ¿cómo no va a llevar tinta de esos colores? Pues no, amigos, he ahí la magia del ahorro.

Al usar amarillo como base del cian obtenemos verde. Para conseguirlo, el impresor tendrá que experimentar con la opacidad de la tinta hasta lograr el efecto de sobreimpresión deseado, pero a cambio habrá menos por lo que preocuparse en cuanto al registro y al traslape de colores. Si hubiera incorporado una tinta verde, hubiéramos tenido que resolver muchos problemas de traslape, además del coste de la pantalla adicional, la tinta, etc., así que procuré usar el amarillo casi como una forma plana que conformara una base sólida sobre la que aplicar el cian. El cian desempeña el papel contrario en el cuerpo al oscurecer el morado, hacerlo más vivo y conseguir que afloren los detalles. El morado, por último, se alía con el amarillo, y ambos forman el precioso rojo profundo de las caras. Cuando los tres se superponen, se obtiene una especie de marrón oscuro que sirve para sombrear la luna y añadir profundidad y contraste al conjunto de la imagen.

Conseguimos el producto final deseado, porque el espectador ve, efectivamente, dos colores, pero en realidad no existen, sino que han brotado en la página durante la impresión. Esos colores inexistentes son los protagonistas de la acción y relegan la aparición de los tres colores originales a un mero cameo. Con todo, nada de lo anterior sería posible sin la combinación de tintas concretas y la singular manera en que interactúan.

## *Tres colores = cinco colores.*

Me podría pasar el día entero haciendo este tipo de cuentas.

**Título:** *The Unholy Tres*

**Diseñador:** Jeff Kleinsmith

**Tamaño:** 45,7 x 61 cm

**Técnica de impresión:** Serigrafía

**Número de tintas:** Tres

*"Este póster se hizo para una proyección del clásico de Todd Browning. Yo estaba muy emocionado, porque es también la última película muda de Lon Chaney."*

**NOTA:** Kleinsmith aprovecha al máximo las tintas de las que dispone, pero también se adapta a lo que sea mejor para el producto final. Aquí ha incorporado un gris plano en lugar de intentar que el negro, que ya está bien aprovechado en la cara, dé más de sí.

**Título:** *Nirvana Exhibit*

**Diseñador:** Jeff Kleinsmith

**Tamaño:** 45,7 x 61 cm

**Técnica de impresión:** Serigrafía

**Número de tintas:** Cuatro

*Con motivo de la exposición "Nirvana: Taking Punk to the Masses", el Experience Music Project le propuso a una serie de diseñadores de carteles musicales que contribuyeran con un diseño para serigrafía inspirado de algún modo por el grupo y su música.*

**NOTA:** Una de las técnicas más importantes en este tipo de piezas es la sobreimpresión, que consiste en ir creando colores adicionales y efectos interesantes con la superposición de capas. Con ello también se consigue que el espectador se interese por la disposición de los distintos estratos, lo que le proporciona un placer añadido.

**Título:** *Archers of Loaf*

**Diseñador:** Jeff Kleinsmith

**Tamaño:** 45,7 x 61 cm

**Técnica de impresión:** Serigrafía

**Número de tintas:** Cuatro

*"A diferencia de la mayor parte de los carteles que hago, este no me supuso grandes complicaciones."*

**Título:** *The Trial*

**Diseñador:** Jeff Kleinsmith

**Tamaño:** 45,7 x 61 cm

**Técnica de impresión:** Serigrafía

**Número de tintas:** Tres

*"Este diseño basado en* El proceso *de Franz Kafka se hizo con motivo de la exposición 'Required Reading', que tuvo lugar en Gallery 1988, en Melrose, California."*

**Título:** *Lightyear*

**Diseñador:** Luke Drozd

**Tamaño:** 42 x 59,5 cm

**Técnica de impresión:** Serigrafía

**Número de tintas:** Tres

**NOTA:** Cada una de las capas de color adquiere forma gracias a las originales ilustraciones y el estilo lineal de Drozd. Esto ayuda a que su obra se convierta en objeto de colección para sus admiradores.

**Título:** *Graham Coxon*

**Diseñador:** Luke Drozd

**Tamaño:**42 x 59,5 cm

**Técnica de impresión:** Serigrafía

**Número de tintas:** Tres

**Título:** *Yo La Tengo*

**Diseñador:** Luke Drozd

**Tamaño:** 42 x 59,5 cm

**Técnica de impresión:** Serigrafía

**Número de tintas:** Tres

## LO MÁS GUAY QUE HE VISTO NUNCA

### "Monster Guarded", de Seripop

Desde Montreal, y combinando a la perfección el deseo imperioso de plasmar visualmente todo lo que se les pasa por la cabeza y los placeres táctiles que reporta estampar tinta sobre papel, los integrantes de Seripop han desafiado al mundo del diseño y del arte con el torrente creativo que es su producción y la perspectiva única desde la que abordan las imágenes y la tipografía. Chloe Lum y Yannick Desranleau han creado algunas de mis obras favoritas de todos los tiempos, cambiando para siempre mi manera de entender la serigrafía y el diseño en general.

Con el objetivo de crear su propio cómic artístico, reunieron esta colección de láminas en un libro independiente. La idea comenzó con una exploración de distintos monstruos y otros engendros, lo que les dio la libertad de sacarle el máximo partido a sus ilustraciones, que unas veces incorporan muchos detalles y otras juegan con la imprecisión. Luego se les fue la olla con el número de tintas, con las que experimentaron para lograr distintos grados de opacidad que les permitieran obtener acabados transparentes y fantasmagóricos en algunas zonas y gruesos y cenagosos en otras. El juego que se establece entre sobreimpresión y subimpresión es sencillamente increíble. A cada momento te asalta una muestra deslumbrante de lo que sus manos son capaces de crear, ya sea en los dibujos o en la manera en que mezclan y estampan las tintas en la página.

En un intento de sacarles el máximo partido a los materiales de los que disponían, utilizaron pintura doméstica como tinta (algo habitual en el resto de su producción) y distintos tipos de papel. También recurrieron a diferentes gramajes y tamaños para lograr un mayor impacto, por lo que el libro incluye inesperadas secciones desplegables, y uno no puede sino caer rendido ante el prodigio de que dos simples grapas contengan tanta energía y brillantez.

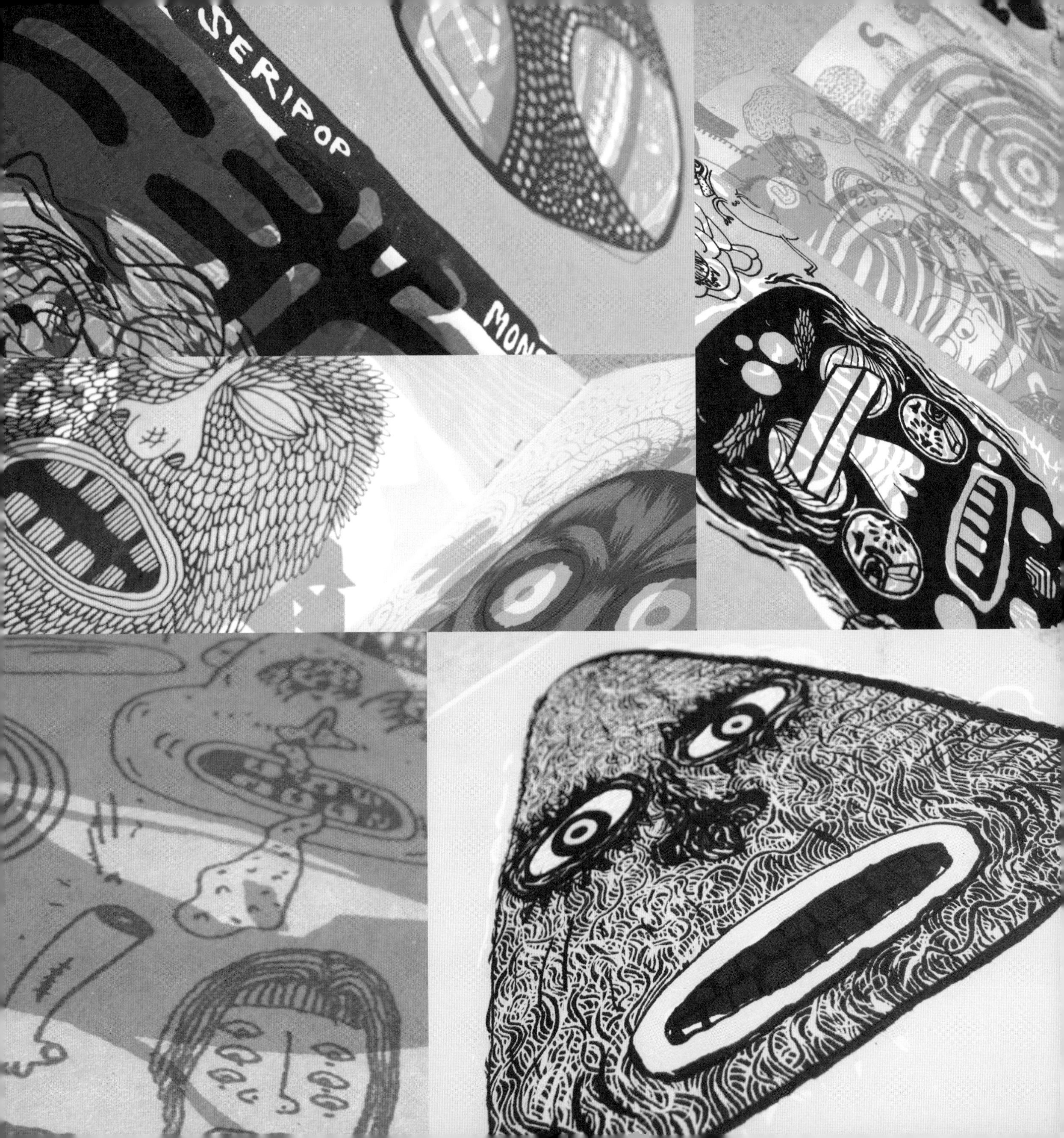
SERIPOP

SKULL & X-Bones
Amazing — eyes flas
weirdly with red glow
Gold plated. Mysteri
ous looking. Big
value at
SKELETON
ever make
presents A Gala of Goblins & Ghouls
CANNE

**Título:** *The Features*

**Diseñador:** Andrew Vastagh

**Tamaño:** 45,7 x 61 cm

**Técnica de impresión:** Serigrafía

**Número de tintas:** Tres

**NOTA:** Con la primera capa de amarillo y la segunda de magenta afloran retazos de imágenes aparentemente aleatorias que solo tienen en común su relación con Halloween, pero de repente todo cobra sentido con la sobreimpresión de la pantalla azul final. Con ella se desencadenan interacciones increíbles: un murciélago se asoma a través de una de las patas traseras del gato, que con una de las delanteras parece agarrar una botella de veneno y una mosca, mientras un matraz tóxico que hace las veces de gorra le corona la cabeza.

**Título:** *Welcome*

**Diseñador:** Andrew Vastagh

**Tamaño:** Varios

**Técnica de impresión:** Serigrafía

**Número de tintas:** Tres

**NOTA:** Andrew Vastagh, de BOSS Construction, tiene buen ojo, y no solo para las nuevas oportunidades de negocio –como en este caso, en que se le ocurrió imprimir láminas basadas en carteles de bienvenida, herraduras de la suerte y reconfortantes tazas de café–, sino también a la hora de maximizar los recursos. Con solo tres tintas y un pliego, consigue imprimir y poner a la venta tres láminas por el coste de producción de una.

# LO MÁS DIFÍCIL QUE HE TENIDO QUE IMPRIMIR

## Jesse LeDoux

"Hice una lámina para el Woodland Park Zoo de Seattle como parte de una serie que pretendía agitar conciencias (y recaudar fondos) en beneficio de especies en peligro de extinción. Yo elegí la grulla de Manchuria. Compuesta de rojo, negro y cuatro tonos distintos de tostados y grises, la impresión a seis colores se convirtió en todo un reto cuando llegó la hora de establecer las separaciones. Quería un producto delicado y sutil, a juego con su plumada protagonista. Para ello, las tintas grises tenían que ir sobreimpresas o quedar anuladas por otras para obtener más de diez colores visuales. Era casi como programar, pero en papel: A + B - C - D = un gris oscuro más frío, y C + A + B - D = un gris medio más sedoso. Tuve que hacer un esquema y pasar un par de días planeándolo bien antes de hablar con el impresor. La mayoría de los artistas que participaron en la serie optó por una impresión *giclée*. Me aventuraría a decir que durmieron mejor que yo esos días."

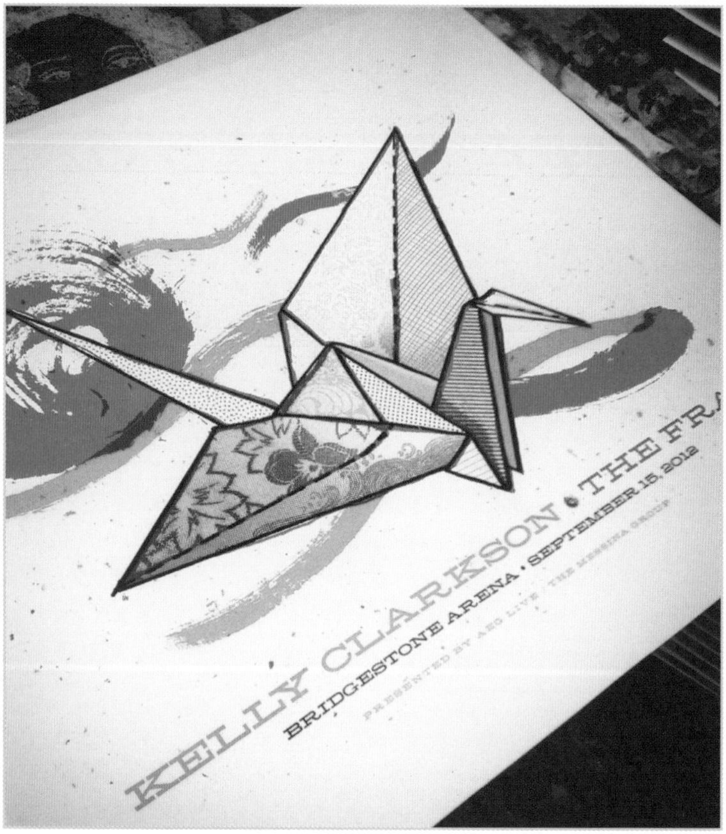



**Título:** *Kelly Clarkson*

**Diseñador:** Andrew Vastagh

**Tamaño:** 45,7 x 61 cm

**Técnica de impresión:** Serigrafía

**Número de tintas:** Tres

**Título:** *Eric Church*

**Diseñador:** Andrew Vastagh

**Tamaño:** 45,7 x 61 cm

**Técnica de impresión:** Serigrafía

**Número de tintas:** Tres

**NOTA:** Vastagh es un maestro creando profundidad y añadiendo texturas que aportan interés a la lámina sin eclipsar la imagen. A veces no es más que una pincelada, la marca que deja una fotocopiadora o una trama densa, pero siempre sirve para realzar el diseño en el mejor de los sentidos.

**Título:** *Andrew Bird*

**Diseñador:** Andrew Vastagh

**Tamaño:** 45,7 x 61 cm

**Técnica de impresión:** Serigrafía

**Número de tintas:** Tres

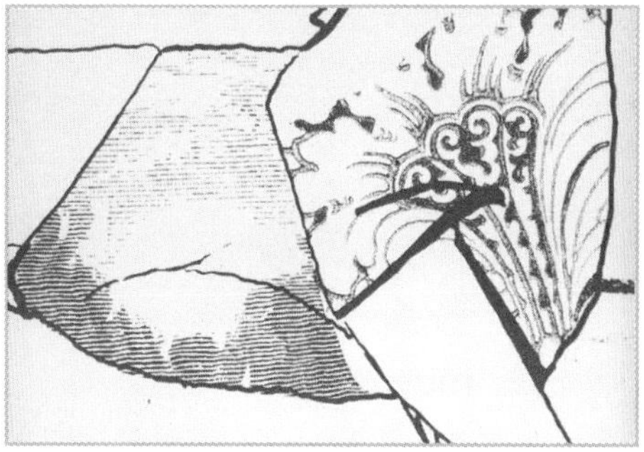

¿Por qué imprimir? *página 85*

# MI ESPACIO DE TRABAJO: DIRK FOWLER, F2 DESIGN

Para transformar su porche cubierto en un taller, Dirk Fowler le añadió dos prensas sacapruebas, una estantería de rejilla, unos cajones para guardar tipos y grabados y un espacio para mezclar la tinta. "Mi estudio es pequeño, pero como lo tengo todo al alcance de la mano es sorprendentemente eficiente", explica. "También recurro a métodos poco convencionales para la impresión tipográfica, como cortar y pegar juntas de goma y otros materiales a una base de aglomerado de fibras de madera casi tan alta como los propios tipos. Siempre estoy encontrando nuevos objetos que coleccionar y preguntándome si los podré usar para imprimir. Para sacar adelante el trabajo utilizo tipos de madera y monotipos en metal, tinta, rodillos, espátulas, cuñas y demás material para cerrar la forma, cúters y otras muchas cosas."

Fowler tiene una cantidad infinita de cajones repletos de tipos móviles, tanto metálicos como de madera. La necesidad de adquirir y aferrarse a los objetos físicos que tienen que ver con la impresión tipográfica parece haberse extendido a su colección de tijeras y rollos de cinta adhesiva.

Tabla de monopatín de Hot Dog Fever
Arte aviar
Brochas y pinceles
Premio al mejor padre del mundo
World's Best Father
Tipos e imágenes móviles
Papel
ROCK
RAMONES
Material de escucha obligada
Rodillos
Rodillos
Rodillos
Rodillos
Rodillos
Cinta adhesiva
Cinta adhesiva
Cinta adhesiva
Cinta adhesiva
Cinta adhesiva
Cinta adhesiva
Cinta adhesiva
Cinta adhesiva
Cinta adhesiva
Tijeras
Tijeras
Tijeras
Espátula
Pantoneras
Pegatina de Mac
Prensa tipográfica
Tinta
Más pegatinas

**Título:** *Jay Farrar*

**Diseñador:** Dirk Fowler

**Tamaño:** 45,7 x 61 cm

**Técnica de impresión:** Tipográfica

**Número de tintas:** Dos

*"Me gustan las cosas sencillas", explica el diseñador Dirk Fowler. "Corto a mano todas las planchas que utilizo y, siempre que puedo, me gusta trasladar esa sencillez al propio proceso de producción. En este caso, recorté el gallo solo una vez, primero lo entinté de rojo y luego lo puse boca abajo y lo entinté de negro." Sonríe y añade que "a veces, al imprimir, parece que esté montando un puzle y no haciendo arte".*

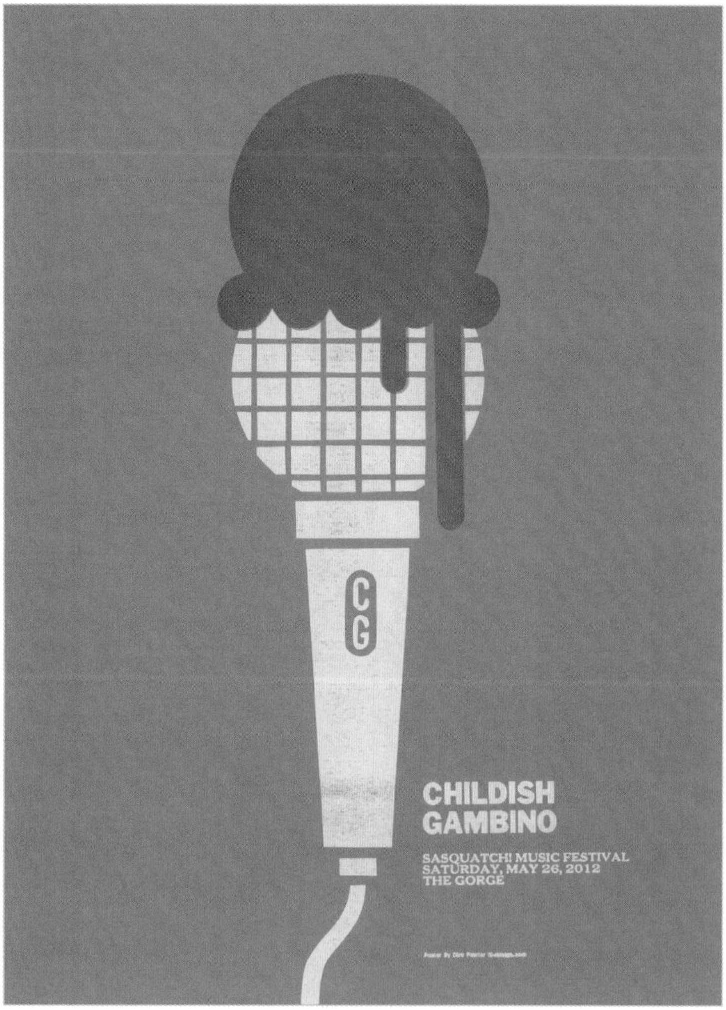


**Título:** *Childish Gambino*

**Diseñador:** Dirk Fowler

**Tamaño:** 45,7 x 61 cm

**Técnica de impresión:** Tipográfica

**Número de tintas:** Dos

*En este caso se han utilizado tintas metálicas sobre papel metalizado de color cobre. "Me gustaba mucho el contraste que se establece entre lo ostentoso de los tonos metálicos y el cucurucho", dice entre risas el diseñador Dirk Fowler. "Me pareció que ese humor sutil encajaba a la perfección con el artista y con el tipo de rap que hace."*

**Título:** *The Tallest Man on EArteh*

**Diseñador:** Dirk Fowler

**Tamaño:** 45,7 x 61 cm

**Técnica de impresión:** Tipográfica

**Número de tintas:** Dos

*A menudo la impresión artesanal es una celebración de lo heterogéneo. "Es muy difícil conseguir cubrir de manera uniforme zonas grandes de un mismo color", admite el diseñador Dirk Fowler. "Por suerte, la falta de uniformidad en las texturas de las partes azul y negra del cartel funcionan muy bien estéticamente para alguien como* The Tallest Man on Earth, *subrayando a su vez el carácter único de cada impresión."*

**Título:** *Wilco-Jacksonville*

**Diseñador:** Dirk Fowler

**Tamaño:** 45,7 x 61 cm

**Técnica de impresión:** Tipográfica

**Número de tintas:** Dos

**Título:** *Paris Collection*

**Diseñador:** Darling Clementine

**Tamaño:** 22,9 x 29 cm

**Técnica de impresión:** Serigrafía

**Número de tintas:** Dos

**NOTA:** Darling Clementine siempre proyecta una personalidad divertida, incluso cuando reduce sus ilustraciones a la mínima expresión gráfica.

**Título:** *Paris Collection*

**Diseñador:** Darling Clementine

**Tamaño:** 22,9 x 29 cm

**Técnica de impresión:** Serigrafía

**Número de tintas:** Dos

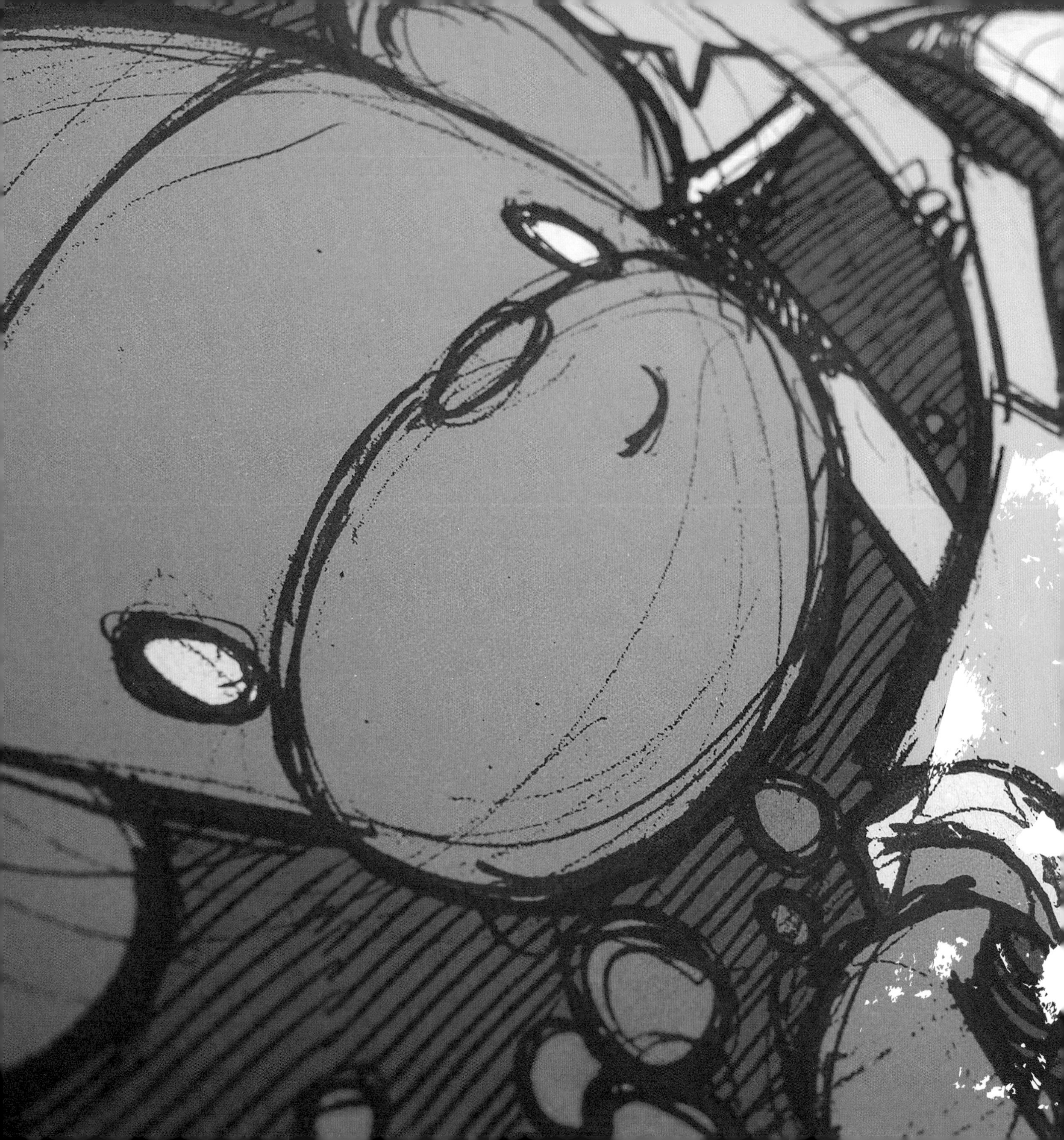

CAPÍTULO

4

# DE LA VANGUARDIA A LOS LINDOS GATITOS

Ahora que sabemos qué pasa hasta que estas obras increíbles llegan a la imprenta, es momento de hablar del fantástico trabajo que llevan a cabo tantos profesionales. Algunos diseñadores y artistas se han animado a explorar los límites de la técnica y abrir nuevos caminos, mientras otros han encontrado un espacio cómodo en el mercado gracias a la amplia aceptación de su estilo y la calidez que ofrecen al espectador. La clave de una buena relación con el cliente es identificar tus puntos fuertes y resultar atractivo para ese público que está dispuesto a buscar tu trabajo y comprarlo.

*primer plano de una impresión de Jay Ryan / The Bird Machine Inc.*

## RIESGO E INNOVACIÓN

Hay quien corre riesgos desde el principio sin echar la vista atrás. Gente con cerebros que parecen operar a un nivel distinto al del resto del mundo. El espectador tiene que tomarse su tiempo para llegar a entender esas obras perturbadas y salvajemente originales, y ni en el mejor de los casos llega a comprenderlas del todo. No soy capaz de citar una sola creación de Seripop o Sonnenzimmer que no pertenezca a esa categoría artística. No solo conculcan los límites de las prácticas establecidas, sino que los derriban, inventando un nuevo orden tras desmantelar el antiguo.

Para mí, quizás la diseñadora que mejor encarna todo lo anterior es Zeloot. Huidiza y oculta en los Países Bajos tras su misterioso sobrenombre, sus diseños incluyen referencias a ilustraciones de la década de 1960, pero desde una mirada que podría pertenecer a un ser de otro planeta o a alguien muy probablemente bajo la influencia de sustancias psicodélicas. La persona de carne y hueso que hay tras esas obras no tiene nada que ver con la descripción anterior, pero la visión tan profundamente original que es capaz de articular en sus bocetos, con las tintas, sobre el papel, seguramente sí: sus figuras y líneas cruzadas son un desafío constante para todo aquel que pretenda determinar dónde empiezan y dónde acaban. Pero sus imágenes no son lo único revolucionario: la manera en que utiliza la tinta también es en sí misma innovadora. Muchos de los diseños que recogemos aquí no están impresos en más de dos o tres tintas, y aun así Zeloot consigue crear múltiples colores con estrategias que a los demás ni se nos pasan por la cabeza. Cada una de las obras que he tenido ocasión de contemplar en directo es el resultado de decisiones que no he visto tomar a nadie más, y que siempre mejoran el producto final.

Otros artistas dejan atónito al personal reinventando iconos e imágenes que creíamos conocer bien. Es lo que hicieron Jason Kernevich y Dusty Summers, el activo dúo que conforma The Heads of State, para su serie sobre la Guerra de Secesión. Para abordar el tema, a este estudio con sede en Filadelfia le hubiera bastado con recurrir a esa visión del pasado en tonos sepia de eficacia más que probada, pero, sin embargo, optaron por buscar símbolos y palabras vinculados al conflicto, reducirlos a formas sencillas, plasmarlos en colores atrevidos y brillantes, para posteriormente jugar con las distintas capas y obtener con todo ello un resultado de una modernidad extraordinaria.

Una vez liberados de todos los grilletes del diseño profesional, los más vanguardistas toman la tipografía por asalto. Qué mejor lugar para desafiar los límites de la legibilidad de una palabra, o, ya puestos, de todas las palabras, que una lámina de la que solo hay otras 50 copias y cuya función, más que la promoción de un acto por anticipado es su conmemoración. Hay quien, como Zwolf en Berlín, parece diseñar una nueva tipografía y replantear la visualización del alfabeto en cada uno de sus proyectos. Zeloot suele optar por tipografías arriesgadas a la altura de sus alocadas imágenes. Se corren riesgos siempre que es necesario, y a menudo cuando ni siquiera está tan claro que lo sea.

Imágenes atrevidas y valientes dominan la producción de algunos diseñadores, mientras la textura asoma por las esquinas y acaba por adueñarse de las creaciones de otros. La clave es ser capaz de sumergirse por completo en el proceso de experimentación y descubrimiento, lo que a menudo implica cometer errores y reflejar en el resultado las penas y alegrías del camino. Los próximos proyectos que emprendas pueden suponer toda una revelación con respecto al proceso. Podríamos pasar días enteros analizando las impresiones de Sonnenzimmer, observando cómo cada capa adquiere entidad propia y da lugar a todo un nuevo conjunto de intersecciones, tratando de escudriñar qué ha pasado para que toda esa tinta tan bonita haya acabado adoptando formas tan imprevistas. A veces las imágenes surgen como un sueño febril, como una aparición que te arrastra más allá de la frontera de lo visual, a otro mundo, como el espectro inolvidable y deshecho de la lámina sobre Nirvana que hizo Jeff Kleinsmith para el Experience Music Project.

No importa cómo aparezcan, pero después de vistas hay imágenes que es imposible olvidar.

**Título:** *Zeloot drukt by de Grafische Werk Plaats*

**Diseñador:** Zeloot

**Tamaño:** 42 x 60 cm

**Técnica de impresión:** Serigrafía

**Número de tintas:** Tres

**NOTA:** Combinando su amor por el diseño gráfico de referentes de la década de 1960, como por ejemplo Push Pin Group, con su propia y descabellada sensibilidad, Zeloot siempre lleva sus diseños un paso más allá en todos los sentidos, ya sea mediante la ilustración, la tipografía o los juegos complejos al mezclar y superponer las tintas.

## ARTESANÍA SIN PRETENSIONES

Ser dueño de algo hecho a mano transmite una cordialidad cómplice y cierto consuelo al propietario, y lo mismo ocurre al crear obras que pretenden cubrir esa demanda. Estas obras, a medio camino entre la tradición y la creatividad, están concebidas para el hogar: para hacerte sonreír al entrar en la cocina por la mañana, para añadir un toque personal a una habitación o para inundarlo todo con su luz reconfortante, con su gesto tierno.

Andrew Vastagh, de BOSS Construction, recupera el ambiente de los restaurantes tradicionales de Kentucky con su ingeniosa serie de los carteles de bienvenida, la taza de café y la herradura. Frida Clements también utiliza caballos, pero en su caso se trata de una referencia a sus raíces suecas, que combina con sus caprichosas ilustraciones de flores; en sus láminas siempre hay una calidez latente. Resumiendo a la perfección el interés de su producción, y el de la de todos los pequeños impresores, apunta que "se trata de formas táctiles y dinámicas de arte, no son tan sofisticadas como para considerarse elitistas. Son tradicionales y vanguardistas a la vez". El dúo noruego formado por Ingrid Reithaug y Tonje Holand, esa fábrica de maravillas llamada Darling Clementine, recoge el testigo aportando al mercado una aplicación gráfica y dosis ocasionales de parafernalia pop. Zorros juguetones y chicas bailando se alternan con viajes a París, pavos y amaneceres, provocando sonrisas incontenibles en el espectador.

Hammerpress, el centro neurálgico de la impresión tipográfica de Kansas City, lanza una línea de productos detrás de otra, dando en el clavo en cada ocasión. Sin menoscabo de su magistral dominio de las técnicas de impresión, también disfrutan de algo tan sencillo como decir "gracias" de una manera nueva. Además, han tenido mucha vista al abrir un nuevo mercado de tarjetas para el día de la madre con un tono mucho menos almibarado que el que ofrece el gigante Hallmark. A mi madre le encantaron las suyas el año pasado.

Aesthetic Apparatus apunta directamente al estómago con su nueva línea de láminas, de la mano de una paleta de colores brillantes y diseños sencillos. Hay pocas cosas tan reconfortantes como un buen plato de tortitas o unos huevos rellenos (por no hablar de una pinta de cerveza). Su versión de los antiguos folletos de supermercado que anunciaban las ofertas en la sección de carnes o verduras mantiene el espíritu retro, y su amor incondicional por Minnesota, patente en su lámina dedicada al estado más adorable que nadie haya visto nunca montando en bici, podría derretir toda la nieve del área metropolitana de Minneapolis y Saint Paul.

## PARA NIÑOS Y MAYORES

Pero hasta los diseñadores que dominan las vertientes más vanguardistas del mundo de la impresión tienen sus debilidades. Sea porque han tenido hijos, porque les gustan las cosas monas, o simplemente por la necesidad general de resultar atractivos para un público que quiere pasárselo bien, la cuestión es que son capaces de cambiar de tercio radicalmente y engalanar de repente un cuarto de bebé. Y luego hay gente como Jay Ryan, de The Bird Machine. Jay se saca de la manga dibujos de conejitos a bordo de barcos veleros, monos hechos un pincel y montados en bici que llegan tarde a sus citas, o un garaje lleno hasta los topes de perros luciendo posaderas.

Si bien de vez en cuando los ositos de Jay se nos presentan afilando hachas, no hay nada que no compense su inmortalización de lo que parece una sesuda conversación entre un gorila y una tortuga. Lo excepcional de su producción es que emplea el mismo estilo relajado y divertido, y la abundancia de animales, sea quien sea el destinatario de la obra. ¿Que el cliente es un grupo de *sludge metal*? ¿Por qué no meter unas ardillas? No hace distinciones. A cualquier cliente le viene bien ese toque de frivolidad, de humor y de estilo que aporta Jay, y él es capaz de estar a la altura de las expectativas con cada encargo.

En un mercado inundado por los productos dirigidos a los niños, quien tiene talento de verdad puede destacar por su estilo y su destreza técnica. Y fijarse ese objetivo puede ser gratificante en todos los sentidos. A algunos son sus propias ilustraciones las que los llevan por ese camino, otros siempre han buscado inspiración en las grandes figuras del libro infantil y la animación, y habrá para quienes simplemente se trate de la mejor opción desde

**Título:** *The Decemberists, Brooklyn*

**Diseñador:** Zeloot

**Tamaño:** 45 x 60 cm

**Técnica de impresión:** Serigrafía

**Número de tintas:** Cuatro

**Título:** *The Decemberists, Indianapolis*

**Diseñador:** Zeloot

**Tamaño:** 45 x 60 cm

**Técnica de impresión:** Serigrafía

**Número de tintas:** Cuatro

**Título:** *You Who: A Children's Rock Variety Show*

**Diseñador:** Zeloot

**Tamaño:** 45 x 60 cm

**Técnica de impresión:** Serigrafía

**Número de tintas:** Tres

**Título:** *You Who: A Children's Rock Variety Show*

**Diseñador:** Zeloot

**Tamaño:** 45 x 60 cm

**Técnica de impresión:** Serigrafía

**Número de tintas:** Tres

el punto de vista comercial. Lo más importante es que trasladar esos rayitos de sol a la página puede reportarle al diseñador o ilustrador una felicidad inmensa.

El delicioso estilo de sus ilustraciones hace inevitable que los personajes de Tad Carpenter, divertidos y sin embargo sofisticados, resulten atractivos para públicos de todas las edades. Su alfabeto funciona a la perfección como herramienta de aprendizaje, además de resultar muy sugerente desde el punto de vista visual, y recurre a ese mismo enfoque en sus productos dirigidos a un público más adulto, que adora sus impresiones en madera para colgar en la pared. Su sentido del humor salta a la vista en sus tarjetas navideñas y adornos en torno a la figura de un Papá Noel triste, pero donde todo cobra sentido de verdad es en su serie *Monster Mix Up*, una colección de monstruos partidos por la mitad que permite intercambiar partes de arriba y de abajo para crear tu propio monstruo, una vieja artimaña de eficacia probada. Para dar vida a sus criaturas, Carpenter utiliza una paleta de colores extravagante y desenfadada. En un contexto dominado por la estética retro de caja de cereales por un lado, y la animación moderna por otro, siempre consigue sorprender a su público a todos los niveles. Tras ver la serie completa, las familias se pueden pasar días discutiendo cuál es la mejor combinación para crear el monstruo perfecto.

Greg Pizzoli parece llevar toda la vida entrenando para ilustrar un célebre libro infantil. Y por fin lo ha conseguido al publicar su historia sobre un inquieto cocodrilo, *The Watermelon Seed*. Mientras trabajaba en ella no paró un momento e hizo de todo, desde fanzines (que son, en realidad, el mejor campo de entrenamiento) a impresiones de lo más divertidas. Los personajes de Pizzoli siempre parecen remontarse a una época más sencilla, una época que todos tenemos en la cabeza, en la que la vida era poco más que conseguir que funcionara el tren de juguete o encontrar algo dulce a lo que hincarle el diente. Algo común a toda su producción es su amor por la lectura, y no hay más que echar un vistazo a la cantidad de libros en los que sus animales han hundido las narices para darse cuenta. Como decía, lleva preparándose para este momento toda la vida.

Una de las cosas más difíciles de dominar al ilustrar para un público joven es la calidad de la línea. Cuando un dibujante por fin encuentra un trazo con el que se siente cómodo, tiende a no abandonarlo nunca. Si gran parte de tu trabajo consiste en dibujar a mano, puede que te salga de manera natural, pero incluso en ese caso conviene echar un vistazo a la enérgica versión de ese tipo de líneas espontáneas que puebla la producción de Jay Ryan y Greg Pizzoli, que demuestran una preocupación constante por marcar las figuras claramente y de manera uniforme. Los trabajos de Scotty Reifsnyder me parecen fascinantes por la gran cantidad de matices de sus líneas y la manera en que combina formas grandes, espacios en blanco y muy poco más. Su mezcla de ilustración, diseño, patrones, color y equilibrio es extremadamente sofisticada, y la aplica a escenarios divertidos y extravagantes. El efecto es aún más impresionante cuando trabaja con personajes animados que uno conoce como la palma de su mano. Sus láminas basadas en escenas de *Peter Pan* y *Los Increíbles* están repletas de texturas exquisitas y una combinación de espacio positivo y negativo que hace que el espectador disfrute de estos clásicos de ayer y hoy bajo una luz totalmente nueva.

El trabajo de Reifsnyder aprovecha esa conexión que con tanta facilidad establecemos con el pasado, ese tiempo en que todo nos parecía alegre y divertido y cada día estaba cargado de posibilidades. La sensación que nos embargaba en esos días solo la puede capturar un ratón a los mandos de una locomotora, como la trabajadora criatura que protagoniza una de las láminas de Greg Pizzoli. Es la única dimensión en que los adultos pueden tomarse a broma una situación peligrosa (¡que vienen los piratas!). No importa lo que el día nos depare, porque todo va a salir bien. ¿Quién va a tener miedo de los monstruos, si se les pueden quitar las piernas y ponerles unas nuevas si nos place? Desde luego, nosotros no. Tenemos la certeza de que iremos a arropar a nuestros hijos, les daremos un beso de buenas noches, echaremos un vistazo a las láminas con las que hemos empapelado su habitación y sonreiremos antes de apagar la luz.

# MI ESPACIO DE TRABAJO: GREG PIZZOLI

Compartir espacio de trabajo con otra serígrafa "implica que el estudio tiene que cubrir las necesidades de ambos", explica Greg Pizzoli. "En el fondo, nuestros procesos son prácticamente los mismos, pero su trabajo suele ir a parar a instalaciones y es enorme –puede imprimir metros y metros de patrones de repetición o utilizar diez pantallas para un dibujo a tamaño real de un piano–. Mi trabajo tiene fines más comerciales, y técnicamente mi máximo suele estar en 45,7 x 61 cm. El tamaño en el que más suelo imprimir es 20 x 25 cm, lo que facilita el enmarcado posterior." Aunque llevan a cabo "el mismo proceso con las mismas herramientas, lo hacemos con resultados muy distintos", explica Pizzoli. "Todo lo que hay en el estudio lo hemos hecho nosotros o nos lo han hecho a medida para que se ajuste a nuestras necesidades. Todo, salvo la rejilla de secado, está hecho a medida: las mesas en las que imprimimos las hizo un diseñador industrial para que encajaran perfectamente sobre nuestros archivadores horizontales, y así disponemos de un espacio de almacenamiento debajo de la zona de impresión. Nuestra mesa de luz puede insolar pantallas de hasta 1 x 1,2 metros, y usamos papel fotocopiado para quemar las pantallas (¡sin aceite vegetal!). Nos hicimos una caja oscura con cierre de velcro para guardar las pantallas mientras seca la emulsión y le encargamos a un carpintero un estante para poner las racletas. Si no tuviéramos todo eso, imprimir sería imposible, o desde luego mucho menos divertido. También tenemos una ventana y plantas. Las dos cosas son importantes en un estudio."

Tinta
Tinta
Tinta
Tinta
Trapos
Precinto
RAGS!
EMPTIES
>ONLY<
Tinta
Tinta
Rack de secado
Archi-vado-res
Plantas
Plantas
PHILADELPHIA
Monitor nº 1
Monitor nº 2
Cascos
Robot
Escáner
Guía de color
Cuader-no de bocetos
MY BOSS IS AN ASSHOLE
Sketch
Cuadro de una silla
Cajón del correo
UNITED STATES POSTAL SERVICE
Tinta
Juegos de mesa
BALDERDASH
Tinta
Mesa de impresión
Pantallas
Tubos para envíos

**Título:** *Number 12*

**Diseñador:** Greg Pizzoli

**Tamaño:** 20,3 x 25,4 cm

**Técnica de impresión:** Serigrafía

**Número de tintas:** Cinco

**NOTA:** Pizzoli recupera el estilo clásico de los libros de cuentos, aportando una interpretación personal que combina con sus depuradas técnicas de impresión.

**Título:** *Lookout*

**Diseñador:** Greg Pizzoli

**Tamaño:** 20,3 x 25,4 cm

**Técnica de impresión:** Serigrafía

**Número de tintas:** Cinco

**Título:** *Lion Car*

**Diseñador:** Greg Pizzoli

**Tamaño:** 20,3 x 25,4 cm

**Técnica de impresión:** Serigrafía

**Número de tintas:** Cinco

**NOTA:** Una de las cosas más interesantes a las que prestar atención en las impresiones de Pizzoli es el uso del negro para añadir definición final, o bien, por el contrario, su descarte.

**Título:** *Melon Caboose*

**Diseñador:** Greg Pizzoli

**Tamaño:** 20,3 x 25,4 cm

**Técnica de impresión:** Serigrafía

**Número de tintas:** Cinco

**Título:** *Read 'Em and Sleep*

**Diseñador:** Greg Pizzoli

**Tamaño:** 45,7 x 61 cm

**Técnica de impresión:** Serigrafía

**Número de tintas:** Cuatro

**Título:** *Summer Deeds*

**Diseñador:** Greg Pizzoli

**Tamaño:** 45,7 x 61 cm

**Técnica de impresión:** Serigrafía

**Número de tintas:** Doce

*"En* Summer Deeds *hay mucha tinta", explica el diseñador/ilustrador Greg Pizzoli, "y las primeras capas de fondo fueron duras de hacer –es difícil imprimir a mano algo tan grande y con zonas tan amplias de contacto–. Fue muy divertido trabajar con tantos colores, eso sí, y las doce capas dan lugar a su vez a muchos más colores por la superposición de las tintas transparentes".*

**Título:** *Klip Klop #1*

**Diseñador:** Greg Pizzoli

**Tamaño:** 10,2 x 15,2 cm

**Técnica de impresión:** Serigrafía

**Número de tintas:** Veintidós (para todo el fanzine)

**Título:** *Chopstick Mountain/Jason Noble Benefit*

**Diseñador:** Sonnenzimmer: Nick Butcher y Nadine Nakanishi

**Tamaño:** 31,8 x 48,3 cm

**Técnica de impresión:** Serigrafía

**Número de tintas:** Siete

**Título:** *Support Your Local Printer*

**Diseñador:** Sonnenzimmer: Nadine Nakanishi

**Tamaño:** 45,7 x 61 cm

**Técnica de impresión:** Serigrafía

**Número de tintas:** Cuatro

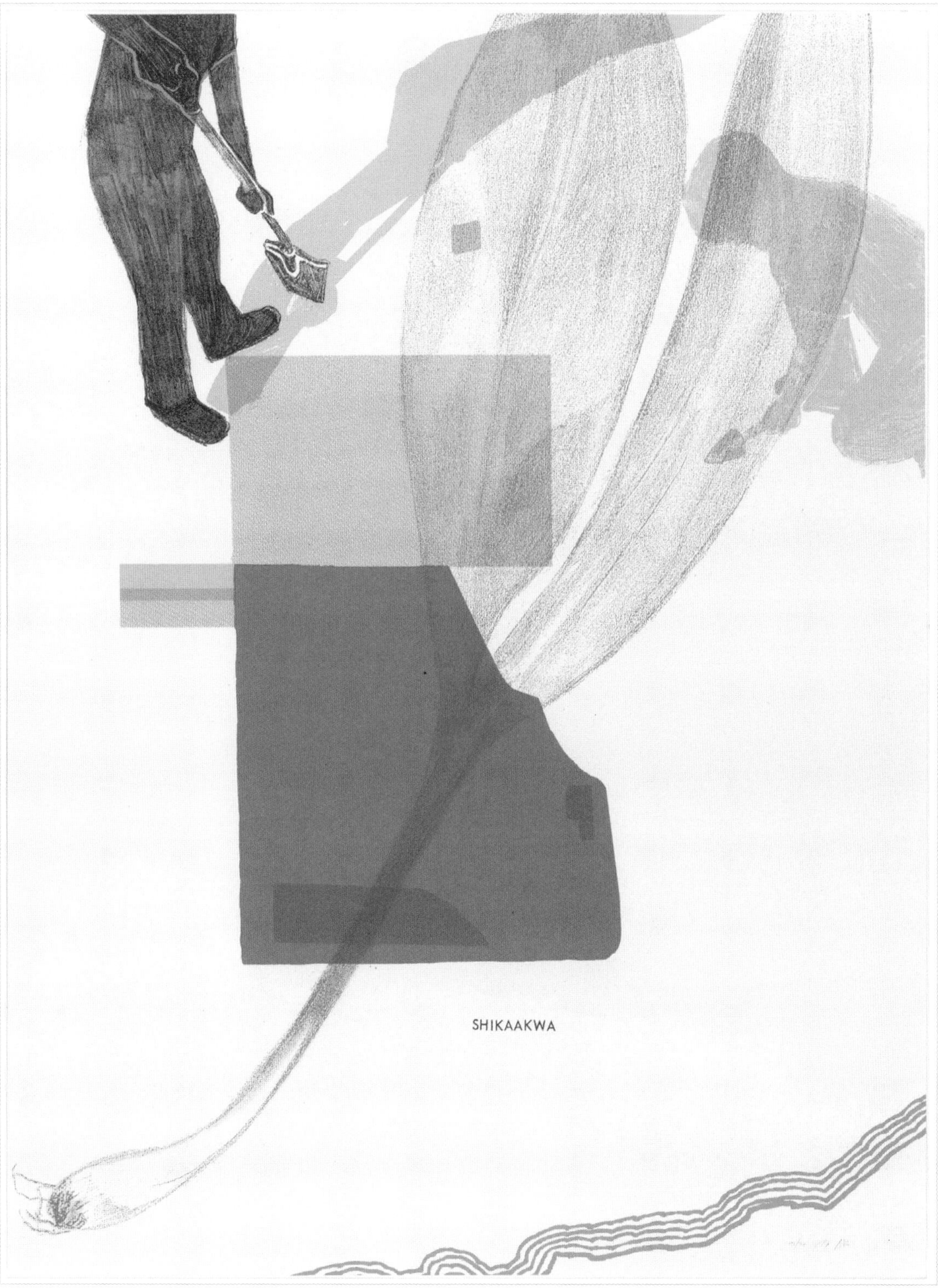


**Título:** *Shikaakwa*

**Diseñador:** Sonnenzimmer:

Nick Butcher y Nadine Nakanishi

**Tamaño:** 45,7 x 61 cm

**Técnica de impresión:** Serigrafía

**Número de tintas:** Seis

**NOTA:** Nadie innova en arte y diseño como Sonnenzimmer. A veces sus creaciones parecen cuadros, y sin embargo en ellas pasan cosas que solo son posibles en el proceso de serigrafiado, gracias a la sobreimpresión y la subimpresión.

**Título:** *Longman and Eagle*

**Diseñador:** Sonnenzimmer:

Nick Butcher y Nadine Nakanishi

**Tamaño:** 40,6 x 50,8 cm

**Técnica de impresión:** Serigrafía

**Número de tintas:** Ocho

**NOTA:** Este es un ejemplo excepcional de todo aquello que hace grande a Sonnenzimmer. Da fe de cómo se toman la molestia de usar siete tintas primero, para luego alterar casi por completo todos los efectos en los que habían trabajado cubriéndolos con un octavo color semitransparente. Pero la única manera de obtener el resultado final era invertir el tiempo, el esfuerzo y el dinero que exigían esas primeras siete capas.

**Título:** *Laub*

**Diseñador:** Sonnenzimmer: Nick Butcher y Nadine Nakanishi

**Tamaño:** 50,8 x 61 cm

**Técnica de impresión:** Serigrafía

**Número de tintas:** Diez

**Título:** *Il Fuorn*

**Diseñador:** Sonnenzimmer: Nick Butcher y Nadine Nakanishi

**Tamaño:** 50,8 x 61 cm

**Técnica de impresión:** Serigrafía

**Número de tintas:** Nueve

**Título:** *Schall*

**Diseñador:** Sonnenzimmer:

Nick Butcher y Nadine Nakanishi

**Tamaño:** 50,8 x 61 cm

**Técnica de impresión:** Serigrafía

**Número de tintas:** Diez

**NOTA:** Gracias a las colaboraciones de otros artistas y diseñadores, Sonnenzimmer sigue superándose y redefiniendo sus propios límites.

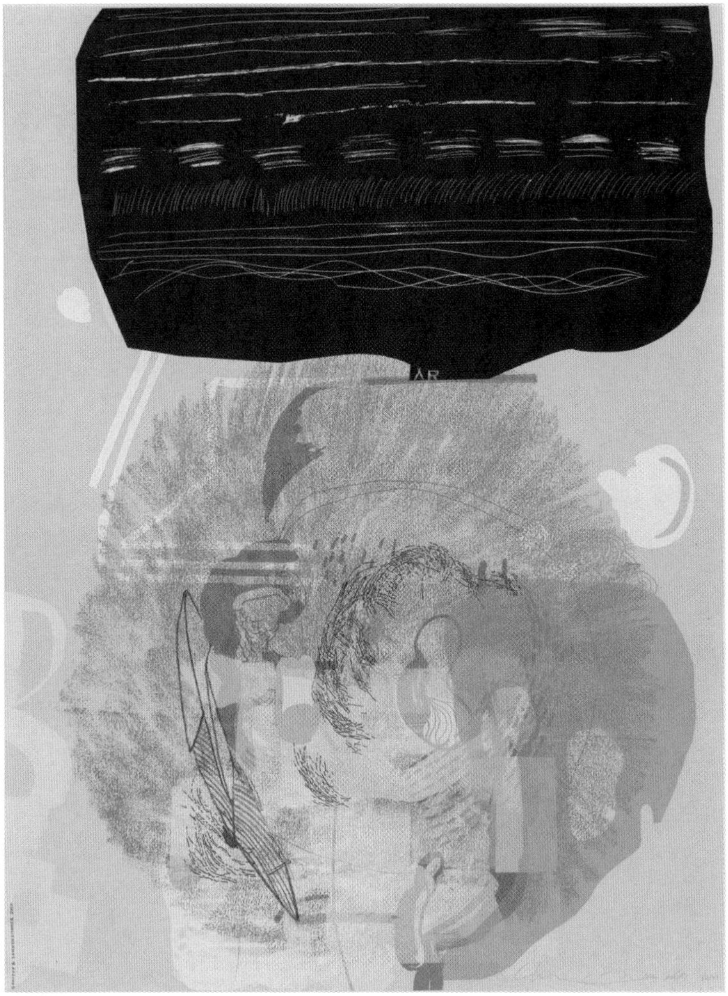

**Título:** *Seripop and Sonnenzimmer*

**Diseñador:** Seripop y Sonnenzimmer

**Tamaño:** 48,3 x 63,5 cm

**Técnica de impresión:** Serigrafía

**Número de tintas:** Siete

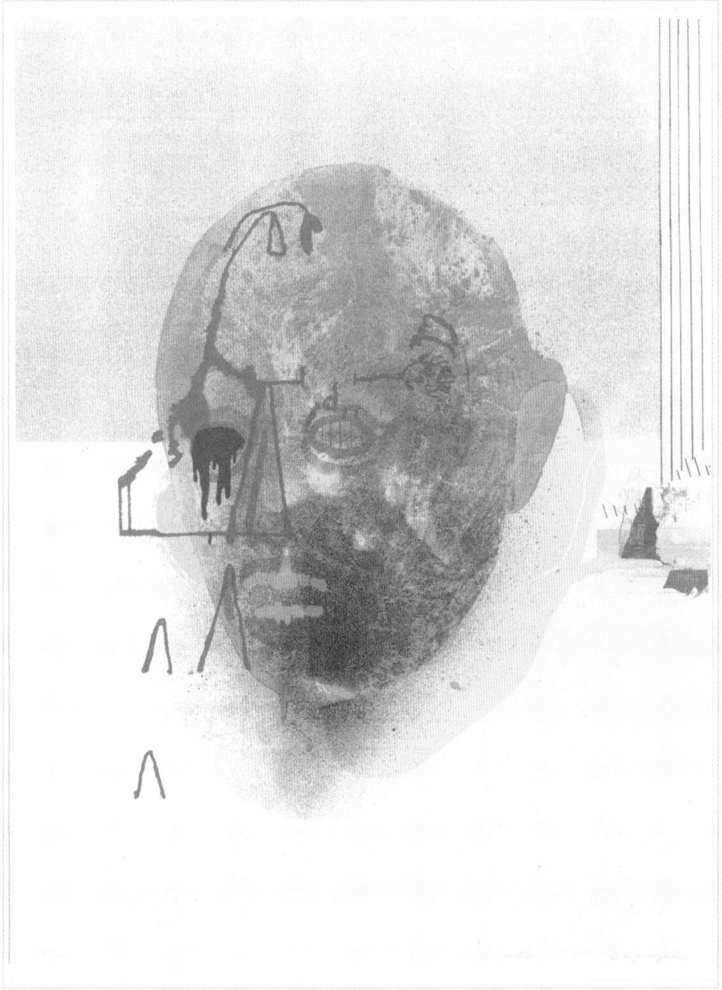

**Título:** *Rachel Niffenegger and Sonnenzimmer*

**Diseñador:** Rachel Niffenegger y Sonnenzimmer

**Tamaño:** 48,3 x 63,5 cm

**Técnica de impresión:** Serigrafía

**Número de tintas:** Nueve

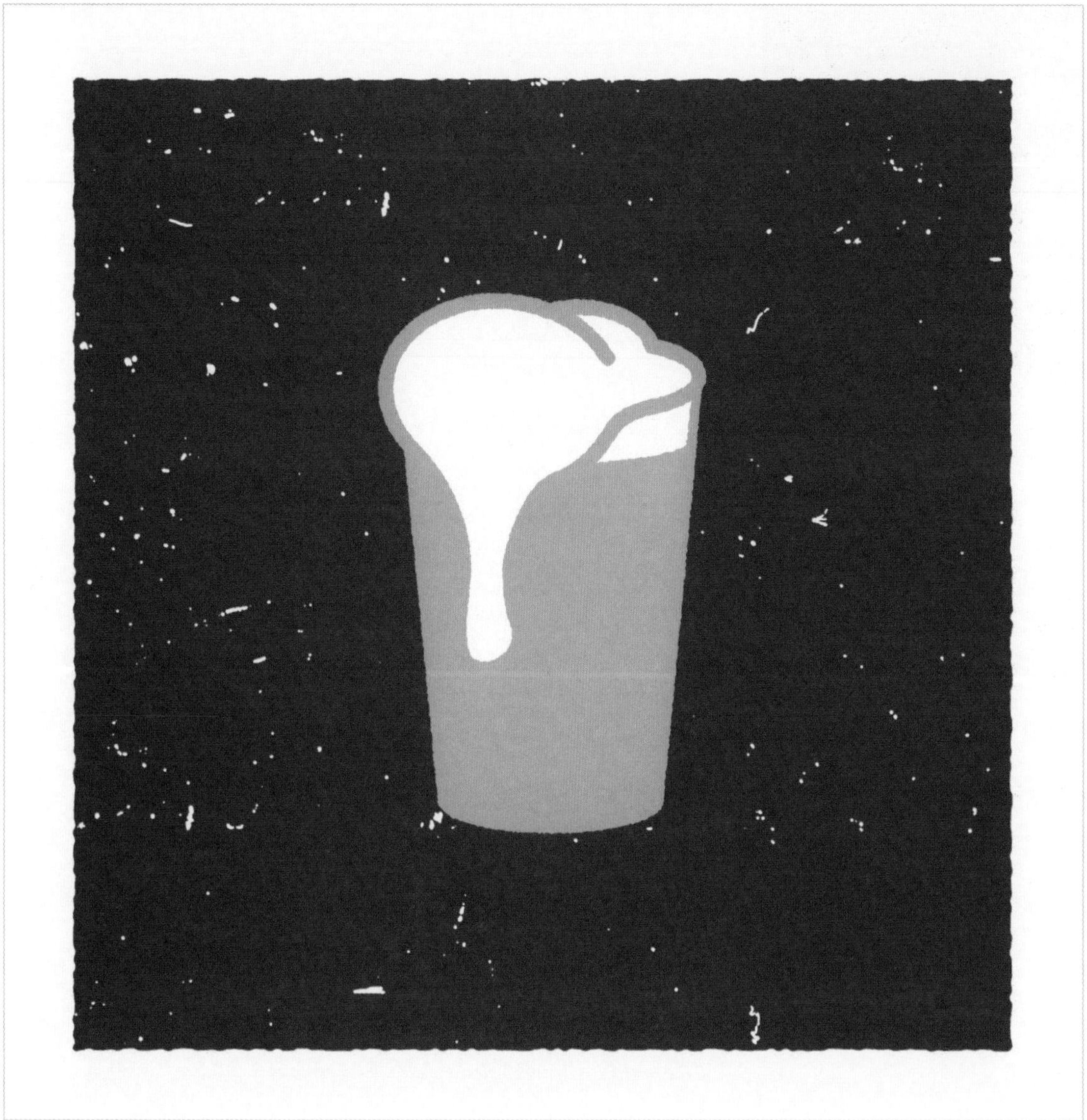

**Título:** *Food Icon Mini Prints*

**Diseñador:** Aesthetic Apparatus

**Tamaño:** 16,5 x 16,5 cm

**Técnica de impresión:** Serigrafía

**Número de tintas:** Cuatro

**NOTA:** Famosos por sus imágenes disparatadas y a veces oscuras, Aesthetic Apparatus ha cerrado el círculo y ampliado su oferta con propuestas como este delicioso conjunto de láminas sobre comida. Claro y sencillo, y aun así elegante y atractivo.

MI HERRAMIENTA DE DISEÑO MÁS VALIOSA: *Dan Ibarra, Aesthetic Apparatus*

“LLEVAN CON NOSOTROS DESDE EL PRINCIPIO”, EXPLICA IBARRA, “Y SON UNO DE LOS PILARES FUNDAMENTALES DEL ESTUDIO: LAS RAGS IN A BOX®. SON UNAS TOALLITAS DESECHABLES DE PAPEL LO SUFICIENTEMENTE GRUESAS COMO PARA QUITAR LAS SALPICADURAS DE TINTA MÁS TENACES Y LO SUFICIENTEMENTE RESISTENTES COMO PARA PODERLAS ENJUAGAR Y USAR DE NUEVO UNAS CUANTAS VECES ANTES DE SUSTITUIRLAS”. SE PARA A PENSAR UN POCO MÁS SOBRE LA PREGUNTA Y AÑADE “TAMBIÉN PODÍAMOS HABER DICHO ‘EL SENTIDO DEL HUMOR’, PERO, A QUIÉN QUEREMOS ENGAÑAR, EL SENTIDO DEL HUMOR NO ES UNA HERRAMIENTA, ES UNA MANERA DE PLANTARLE CARA A LA ADVERSIDAD”.

**Título:** *AA KITCHEN-VEGGIES!*

**Diseñador:** Aesthetic Apparatus

**Tamaño:** 31,8 x 31,8 cm

**Técnica de impresión:** Serigrafía

**Número de tintas:** Tres

**Título:** *AA KITCHEN-MEAT!*

**Diseñador:** Aesthetic Apparatus

**Tamaño:** 31,8 x 31,8 cm

**Técnica de impresión:** Serigrafía

**Número de tintas:** Tres

**NOTA:** Creando tipografías a partir de antiguos folletos publicitarios, jugando con una paleta de colores específicamente relacionada con la comida y unas imágenes divertidas, Aesthetic Apparatus ha logrado entrar por la puerta grande al mercado internacional de láminas para cocinas.

**Título:** *Minnesota Loves Bikes*

**Diseñador:** Aesthetic Apparatus

**Tamaño:** 31,8 x 31,8 cm

**Técnica de impresión:** Serigrafía

**Número de tintas:** Dos

**NOTA:** Si eliges como tema lo que mejor conoces –tu entorno– puedes abrir nuevos mercados para tu producción y tu negocio, como ocurre en el caso de las láminas de Minnesota de Aesthetic Apparatus.

**Título:** *Alphabet Poster*

**Diseñador:** Tad Carpenter

**Tamaño:** 61 x 91,4 cm

**Técnica de impresión:** Serigrafía

**Número de tintas:** Cuatro

**NOTA:** Son muchos los que se han atrevido a hacer alfabetos de inspiración animal para niños, pero puede que Tad Carpenter sea el mejor de todos ellos. Además de las texturas añadidas y el divertido uso de la escala, da unidad al conjunto con los dibujos lineales del fondo, añadiendo dinamismo a lo que bien podría haber sido una lámina graciosa sin más.

**Título:** *Civil War*

**Diseñador:** The Heads of State

**Tamaño:** 50,8 x 76,2 cm

**Técnica de impresión:** Serigrafía

**Número de tintas:** Cinco

*Diseñado para una exposición titulada "An Imperfect Union" que acogió Art in the Age con motivo del 150º aniversario de la Guerra de Secesión.*

**NOTA:** Con un planteamiento atrevido y apostando por las capas, el dúo The Heads of State transforma formas e iconos sencillos y broncos en algo mil veces más potente.

25
LOUISIANA
TIGERS

A
2
2
2
4
4

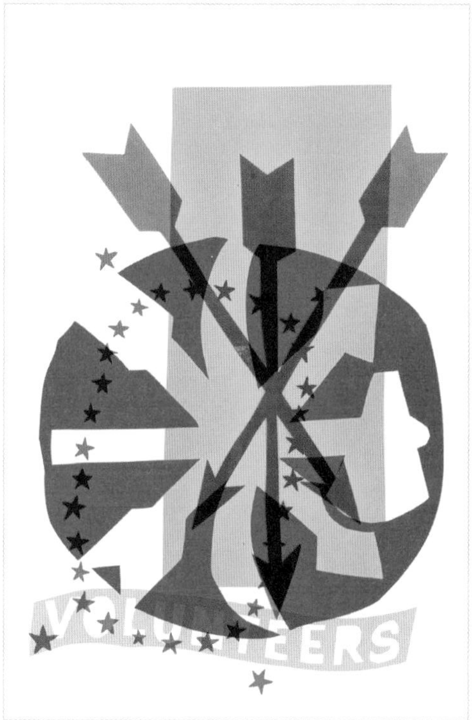
VOLUNTEERS

PROVINCETO

OUR RIGHT
FLAT ROCK
RIFLEME
LUNENBU
Co
VIRGINIA

FORT
ROUNDS
U.S

**Título:** *"Night Duely" Peter Pan for Disney!*

**Diseñador:** Scotty Reifsnyder

**Tamaño:** 38,1 x 91,4 cm

**Técnica de impresión:** Serigrafía

**Número de tintas:** Cuatro

**Título:** *"Here Kitty, Kitty,"*

*The Incredibles for Disney/Pixar*

**Diseñador:** Scotty Reifsnyder

**Tamaño:** 76,2 x 33 cm

**Técnica de impresión:** Serigrafía

**Número de tintas:** Cuatro

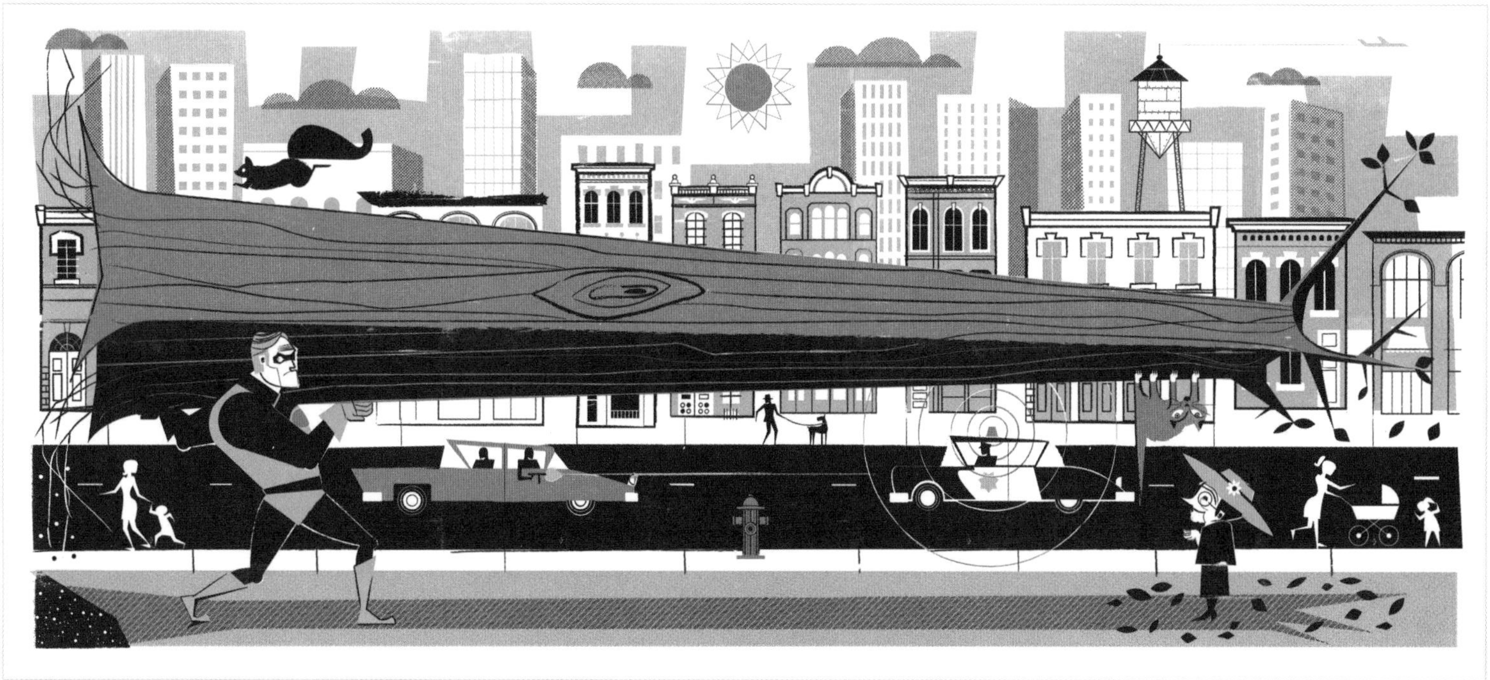

**Título:** *The Heroes of Folk*

**Diseñador:** Scotty Reifsnyder

**Tamaño:** 15,2 x 20,3 cm

**Técnica de impresión:** Tipográfica

**Número de tintas:** Tres

**NOTA:** Las líneas divertidas y sofisticadas de Reifsnyder funcionan bien tanto en impresión tipográfica como en serigrafía.

**Título:** *Mom Card Series*

**Diseñador:** Brady Vest/Hammerpress

**Tamaño:** Varios

**Técnica de impresión:** Tipográfica

**Número de tintas:** Varios

**Título:** *Thank You Card Series*

**Diseñador:** Brady Vest/Hammerpress

**Tamaño:** Varios

**Técnica de impresión:** Tipográfica

**Número de tintas:** Varios

**NOTA:** Identificar un mercado desabastecido puede servir de inspiración desde el punto de vista creativo y dar a tu negocio un empujón considerable, como le ocurrió a Hammerpress con las tarjetas para el día de la madre y las tarjetas de agradecimiento.

Z
S
K
B
C
O

CAPÍTULO 5

# APRENDE ALGO NUEVO CADA DÍA

La impresión a pequeña escala es bonita por una razón primordial: nunca es igual. En cada tirada o pasada surge una pequeña rareza, una imperfección o un desajuste, un borrón de tinta o una zona donde nos hemos quedado cortos o nos hemos pasado de color. A veces es algo minúsculo y otras clama al cielo, pero la imperfección es ineludible, y ahí reside la belleza del proceso. Como el producto altamente variable que es, incluso de una lámina a la siguiente, atrae a un tipo de gente que se crece en contextos de constante cambio.

*primer plano de una impresión de Denny Schmickle*

## EL IMPRESOR NOVEL

Uno de los aspectos más gratificantes de haber ejercido de cronista de la explosión del diseño de carteles y la vuelta a los productos hechos a mano ha sido comprobar que hay toda una multitud, joven y mayor, dispuesta a probar suerte en el oficio. Algunos van y se compran todo lo necesario para empezar a hacer serigrafías en el garaje o el sótano (esperemos que contando con un espacio apropiado para limpiar las pantallas y almacenar los productos químicos). Otros localizan una prensa tipográfica en algún sitio del que lleva décadas sin moverse y, si tienen suerte de verdad, la pueden trasladar con la ayuda de brazos amigos y fornidos. Hay quien se apunta a un curso o se hace miembro de una comunidad de impresores que permite alquilar por horas un espacio equipado con todo lo necesario, lo que es aún mejor si los instructores andan por allí dispuestos a resolver dudas.

Cuando me preguntan -y a menudo lo hacen-, recomiendo vivamente optar por formarse y alquilar por horas un espacio comunitario. La impresión puede ser una actividad bastante solitaria. Los principiantes suelen dedicarse a ella fuera de su horario laboral, de noche, o escondidos a horas raras los fines de semana. El efecto colateral es que no hay nadie a quien pedirle ayuda si las cosas salen mal. Nadie que te supervise mientras intentas sacar algo adelante y nadie que acelere tu proceso de aprendizaje transmitiéndote parte de sus años de experiencia.

Hay unos cuantos libros bastante buenos que pueden ser de ayuda, sobre todo si estás empezando. Los foros online son una gran fuente de información, y si algo sale fatal, la gente maja de Gigposters.com te ayudará de buen grado, después, eso sí, de hacer unos cuantos chistes a tu costa (la mofa merece la pena, no solo porque luego le siguen los buenos consejos, sino también porque te ayuda a no tomarte demasiado en serio la situación ni a ti mismo). La cuestión es que no hay nada como preguntarle a alguien que está a tu lado y ha hecho cientos de veces lo que tú estás haciendo (y que puede que hasta metiera la pata con eso ayer mismo, sin ir más lejos).

No te preocupes demasiado por conseguir materiales muy específicos y utilizarlos de la manera más sofisticada. No pierdas de vista que, al nivel más básico, basta con tallar un bloque de madera, embadurnarlo con un poco de tinta, estamparlo sobre un papel y disfrutar del producto final. “Mi primera mesa de luz era un flexo pinzado a una escoba y sujeto sobre dos sillas para que colgara sobre las pantallas”, dice Greg Pizzoli riéndose. “Hacía los positivos con fotocopias empapadas de aceite vegetal... no era divertido, pero funcionaba”, explica. “No hace falta material muy sofisticado, siempre que lo que tengas funcione.”

Hay algunas cosas con las que los principiantes suelen tropezar invariablemente, y Pizzoli, que ha enseñado durante un tiempo en la universidad y que acumula años de experiencia personal, las identifica rápidamente. “Los estudiantes las pasan canutas al mezclar el color y ajustar el registro en impresiones a varios colores”. Por suerte, enseguida añade que “ambas cosas salen mucho mejor con la práctica”. La clave es practicar a menudo, no tomarse demasiado en serio a uno mismo y aprender todo lo posible de cada tirada o pasada.

## QUIEN TUVO, RETUVO

Quien es creativo ha nacido para crear, y a medida que avanza y gana en confianza en la elaboración del producto final, no puede evitar seguir creando. Al ser un proceso que incluye paradas y tiempos de espera, el acto de imprimir es capaz de sacarle el máximo partido a una mente inquieta. “Una de las cosas que más me gustan de la serigrafía”, explica Jay Ryan, “es que la puedo considerar parte del proceso de diseño”. Cuando la primera pantalla entra en contacto con el papel y empieza a correr la tinta, él aprovecha “la oportunidad de cambiar de rumbo a mitad de proyecto y alterar el plan previsto para el resto de colores”. A menudo va un paso más allá y añade “nuevos detalles que se le ocurren sobre la marcha, con cada nueva pasada de tinta”, desarrollando el proceso como si de una sinfonía en constante evolución se tratara, sin estar nunca del todo seguro de qué nota va después de la última.

Esa metáfora musical trasciende la escena jazzística o las improvisaciones interminables presentes no solo en las canciones de grupos como Phish y la Dave Matthews Band, sino también en la increíble serie de carteles que

**Título:** *Mission of Burma*

**Diseñador:** Drew Millward

**Tamaño:** 45,7 x 53,3 cm

**Técnica de impresión:** Serigrafía

**Número de tintas:** Dos

**NOTA:** Millward salió de su zona de confort con este póster, en el que prima la estética de los sellos birmanos que manejó al documentarse, sin renunciar por ello a su estilo propio como ilustrador. El resultado es un producto que no desentona con el resto de su producción, pero que destaca y amplía el alcance y la sofisticación de su portfolio.

“HAY DIFICULTADES TÉCNICAS QUE PUEDEN VOLVERTE LOCO, COMO EL REGISTRO O LA IMPRESIÓN DE PEQUEÑOS DETALLES. Y, SINCERAMENTE, LO NORMAL ES QUE NADA SALGA SEGÚN LO PREVISTO, PERO ES PARTE DEL ENCANTO DE IMPRIMIR.
A VECES CONSEGUIRÁS RESULTADOS INTERESANTES QUE HARÁN QUE SE TE OCURRAN IDEAS ESTUPENDAS. MIENTRAS TENGAS A MANO UN CUBO GRANDE Y UNA ESPONJA CON LOS QUE LAVAR LA PANTALLA SI TODO SALE TERRIBLEMENTE MAL, NO HABRÁ PROBLEMA.”

*Andy Smith, Andy Smith Illustration*

**Título:** *Prepare to Meet Thy Doom*

**Diseñador:** Andy Smith

**Tamaño:** 13 x 17,5 cm

**Técnica de impresión:** Serigrafía

**Número de tintas:** Tres

**Título:** *Relax & Move to the Country*

**Diseñador:** Andy Smith

**Tamaño:** 13 x 17,5 cm

**Técnica de impresión:** Serigrafía

**Número de tintas:** Tres

diseñaron para ellos Methane Studios, Nate Duval y compañía. La metáfora, decía, podría remitir incluso al punk más bruto. Diseñadores sin miedo de hacer cosas nuevas, como Zach Hobbs, que se atreve constantemente con collages descabellados, me dejan con la boca abierta una y otra vez. A veces somos como esos músicos que aún no manejan bien sus instrumentos y escriben melodías nacidas para ser tocadas al aventón. "Siempre he trabajado en estudios en los que las herramientas estaban estropeadas de una manera u otra", explica Andy Smith. "Si no era una mesa de impresión coja, eran unas pantallas gastadas... y eso son retos a los que te vas adaptando." Siempre tratando de mantener la gama de colores de sus diseños dentro de un límite que resulte manejable, Smith respiró aliviado cuando sus imágenes y sus tipografías empezaron a ser bonitas y atrevidas, pero los útiles y herramientas seguían siendo un problema. "La verdad es que empecé a añadir textura a mis impresiones por experimentar, porque no siempre conseguía serigrafías limpias. Así que pensé que al incorporar unas cuantas zonas 'de fallos', más ásperas, nadie se daría cuenta de las imperfecciones no necesariamente buscadas." Se ríe, se encoge de hombros y añade: "Supongo que he intentado convertir los inconvenientes de la serigrafía en algo provechoso para mí y para el espectador".

Como hemos visto, una vez que el cerebro afina el proceso creativo lo puede poner en práctica de mil maneras distintas, y la distancia que separa a los talentos más inspirados de los menos inquietos se va agrandando con la edad.

Algunos de los nombres que encabezan desde hace tiempo nuestra lista de diseñadores y artistas predilectos siguen, no obstante, reinventando constantemente su estilo, sus procesos, la manera en que los llevan a la práctica y, de vez en cuando, incluso el lugar en el que comercian con sus mercancías, y continúan produciendo obras extraordinarias. Methane hace un póster nuevo para Dave Matthews prácticamente todas las semanas, y todos ellos son únicos y excepcionales, a la vez que mantienen una sintonía perfecta con su público. El nivel de todos esos diseños, que esencialmente siempre vienen a resolver el mismo problema, aunque lo hagan de formas distintas, es admirable. Jesse LeDoux ha sintetizado el divertido estilo de sus ilustraciones en formas simples, generando patrones y estableciendo interacciones que de repente hacen que el producto final tenga un tono mucho más serio, pero sin perder su originalidad. Jeff Kleinsmith ha evolucionado desde aquellos comienzos en los que hacía flyers de estilo punk-rock para convertirse en un nuevo diseñador post-rock de una inteligencia ciertamente estimulante.

Y ninguno de ellos ha dejado de avanzar nunca. Porque, simplemente, son incapaces.

# LA SERIE DE LÁMINAS DE THE DECODER RING

A Geoff Peveto le quedan pocas cosas por probar en el mundo del cartel serigráfico. Como presidente del American Poster Institute, supervisa la organización de los distintos y cada vez más numerosos festivales Flatstock y, en general, ejerce de voz de la razón, aunque todo lo aderece con dosis generosas de pasión. Su estudio de diseño, The Decoder Ring Design Concern, ha encabezado la producción de carteles de concierto increíbles, además de estar detrás de diseños que han dejado con la boca abierta a cantidad de clientes. Sabe cómo moverse en un taller de impresión, y de él se dice, entre otras cosas, que ha llegado a mezclar tintas con salsa barbacoa. Su carácter relajado contrasta con una cabeza que va a ritmo de bólido y un ímpetu artístico incesante. Y por si todo esto fuera poco, siempre está deseando llegar aún más lejos.

La idea de hacer la serie de láminas de The Decoder Ring puso a prueba sus aptitudes como impresor, además de servirle de inspiración desde el punto de vista del diseño y permitirle compartir unas cuantas cervezas con algunos de sus artistas favoritos. Invitar a un artista al taller durante una semana para crear una obra de arte única con él a cargo de la impresión resultaba tentador, sobre todo con un número de tintas y pantallas a su disposición aparentemente ilimitado. Estoy seguro de que le entraron las dudas al imprimir la sexta pantalla, con la que dejaba casi lista la textura de blanco crudo del fondo que luego prácticamente ocultarían las siguientes imágenes… pero un poco de cerveza ayuda a despejar ese tipo de recelos, y al resultado no se le puede poner ningún pero.

La serie lleva ya once ediciones, a lo largo de las cuales ha contado con diseñadores, impresores, ilustradores, animadores, locos en moto y observadores de pájaros, entre muchos otros colaboradores. A continuación recogemos algunas de las últimas contribuciones a la serie, con un desglose pantalla a pantalla de las creaciones que permite acceder a la trastienda de la producción.

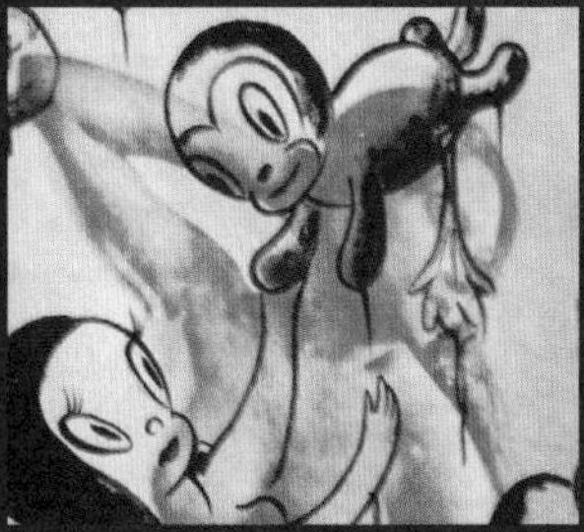

**Título:** *Celeste*

**Diseñador:** Gary Baseman

**Tamaño:** 56 x 76,2 cm

**Técnica de impresión:** Serigrafía

**Número de tintas:** Veinticuatro

*El estilo estrafalario de las ilustraciones de Gary Baseman ha servido para amenizar todo tipo de cosas, desde programas de televisión de sábado por la mañana a selectas galerías de arte, lo que lo ha convertido en todo un icono del mundo del diseño. Sus figuras, aparentemente sencillas, siempre resultan más complejas vistas de cerca, y es ahí cuando se revela la naturaleza pícara que atraviesa toda su producción. Baseman también es un apasionado de la fotografía de archivo, cuanto más extraña, mejor. Incorporarla a sus creaciones es un gusto que no se puede dar tan a menudo como le gustaría, así que a nadie le sorprendió que aprovechara la oportunidad para diseñar una lámina basada en esta imagen llamada "Celeste", que encontró acompañada de la sincera y sin embargo peculiar leyenda: "Propuesta para estudio por el extraordinario desarrollo de la parte superior del torso".*

*Es fascinante ver cómo se desarrollaron las dos fases del proceso de impresión. Baseman reprodujo primero la foto con calidad, en distintas capas, y a continuación empezó a plantearse qué hacer con ella, garabateando sobre la imagen una y otra vez hasta quedar satisfecho con el número de habitantes que se arremolinan en torno a la figura principal, trasladándola a su disparatado universo.*

*Imitando sus propios cuadros, hace con el proceso de serigrafía algo muy parecido a lo que hacen los pintores con las primeras capas de pintura: construir profundidad, dando al resultado final una riqueza que excede con mucho lo esperado. Este método de trabajo implica crear nuevas bases para la segunda tanda*

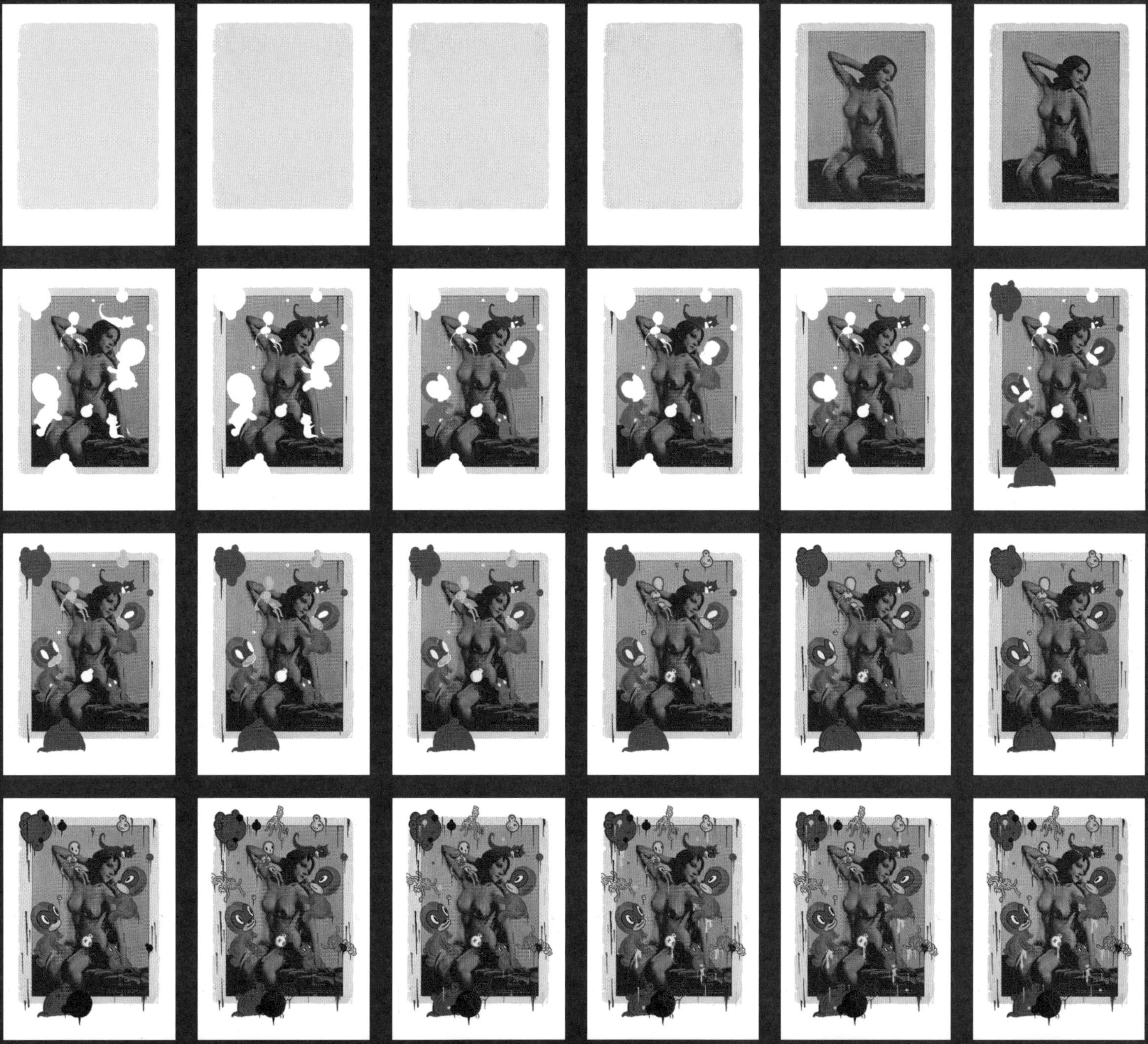

**Título:** *Taiga*

**Diseñador:** Diana Sudyka

**Tamaño:** 56 x 76,2 cm

**Técnica de impresión:** Serigrafía

**Número de tintas:** Veinte

*Diana Sudyka es una ilustradora muy respetada, cuyo estilo ofrece una combinación maravillosa de detalles minúsculos y expresivas pinceladas. También es una experta impresora, así que tiene bastante claro hasta dónde puede llegar en el taller. Gran parte de su producción está influida por su pasión por los animales y la naturaleza, y esta serie no es una excepción. A partir de ilustraciones cargadas de tinta, y con pulso firme para recortar rubylith, hace que emerjan imágenes ricas en detalles, con múltiples capas, y nos reserva diminutas sorpresas que asoman entre colores profundos y abundantes. Además de un oso dorado, literalmente impreso en oro.*

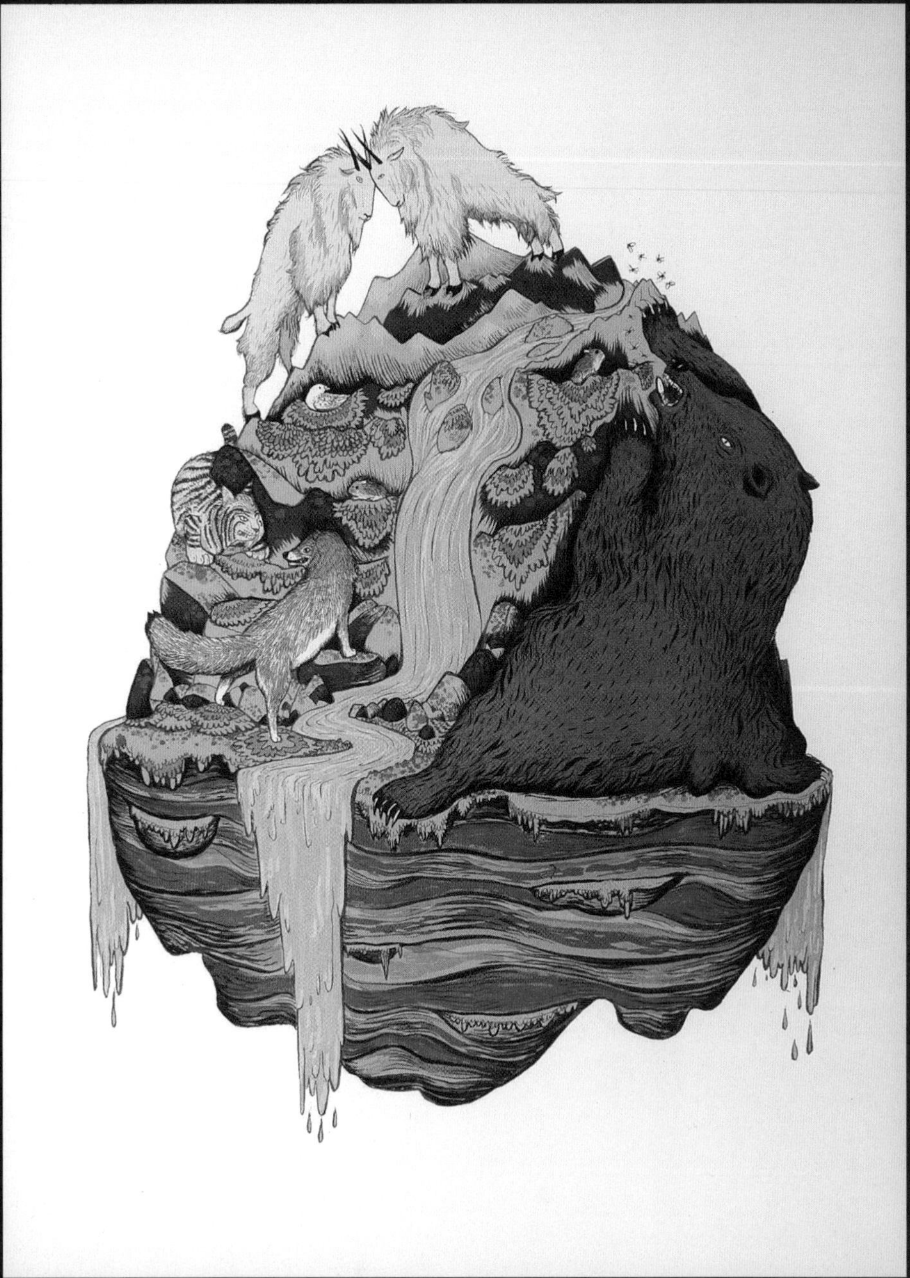

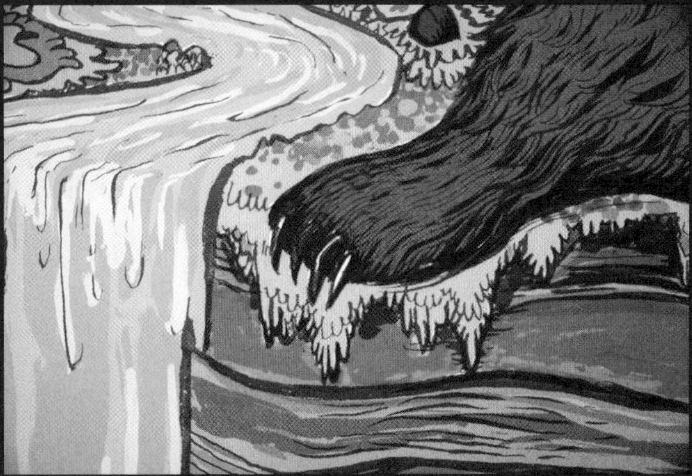

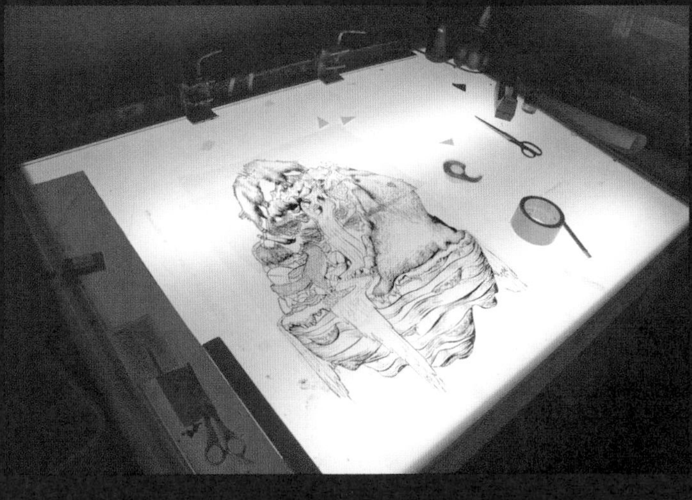

**Título:** *Discovered*

**Diseñador:** Michael Sieben

**Tamaño:** 56 x 76,2 cm

**Técnica de impresión:** Serigrafía

**Número de tintas:** Veinte

*Peveto conocía de sobra al artista Michael Sieben, pues los dos viven en Austin, y como admirador de su trabajo para Bueno Skateboards, además de sus artículos para* Thrasher Magazine, *estaba deseando ver qué haría Sieben en su estudio. Con las capas y los detalles característicos de sus cuadros, Sieben bosqueja una de sus criaturas, que será quien habite la página, incorporándole detalles que plantean más preguntas que respuestas al espectador. Como parte del proceso de impresión se aplicaron capas de barniz y se llegó a incorporar cera y café a las tintas.*

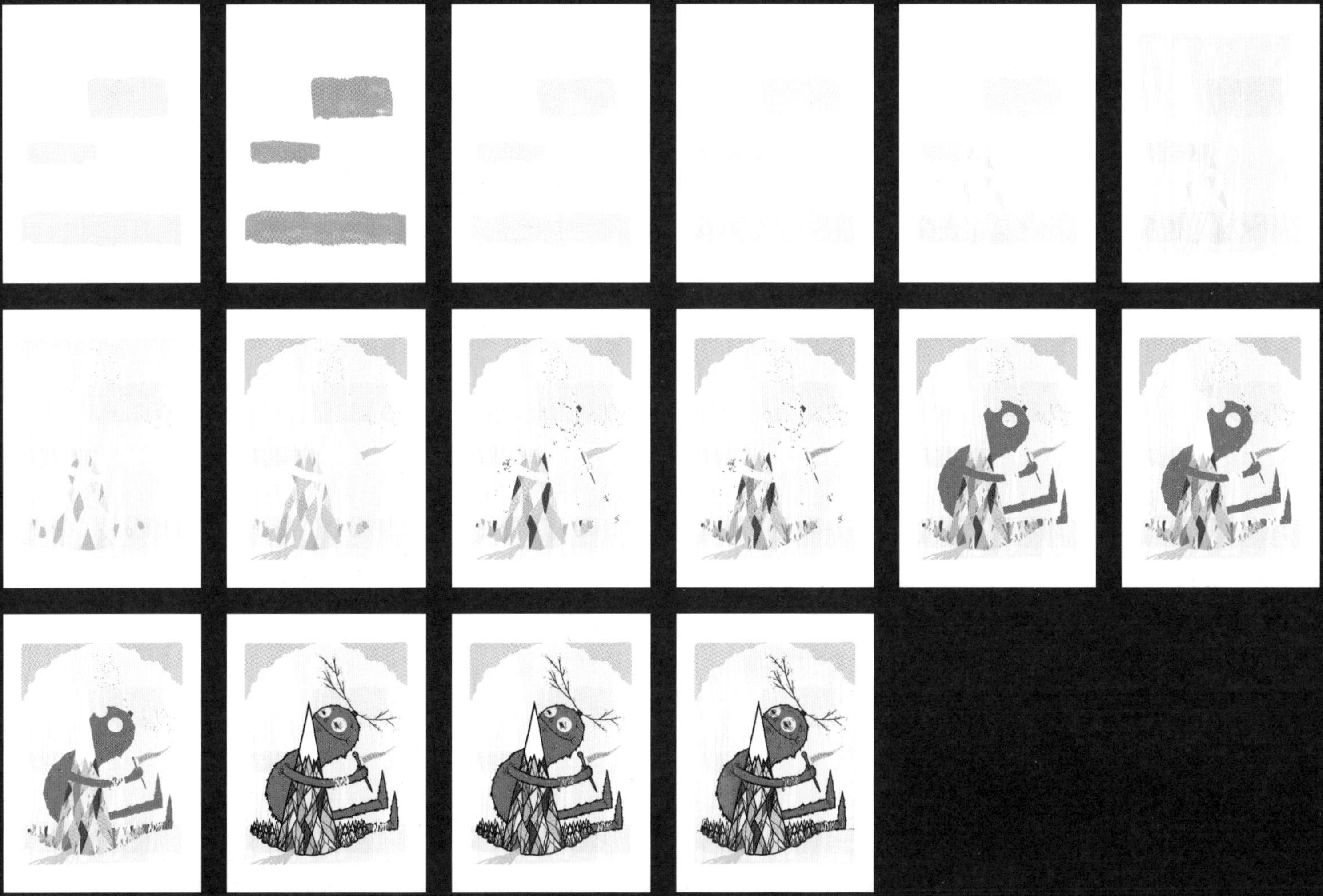

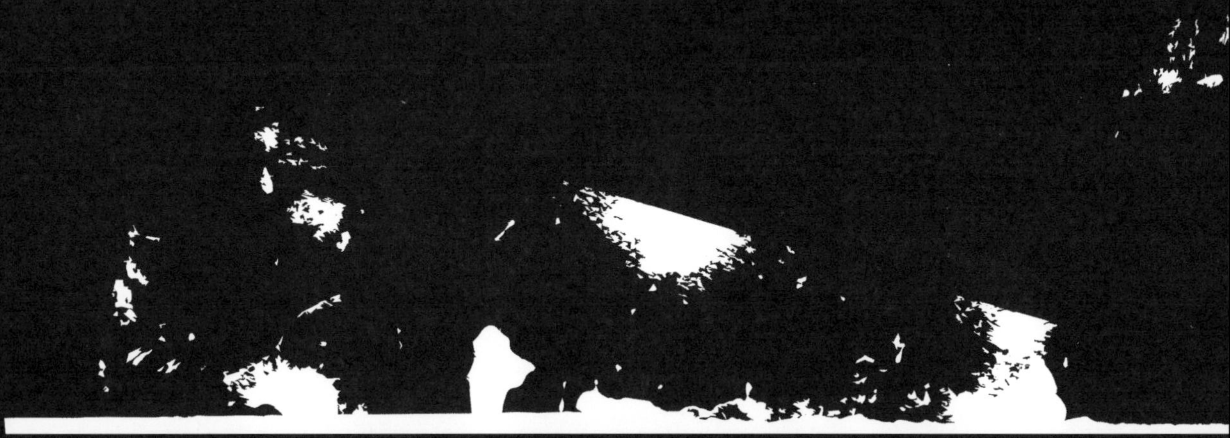

**Título:** *As The Mind Wanders*

**Diseñador:** Jeremy Fish

**Tamaño:** 56 x 76,2 cm

**Técnica de impresión:** Serigrafía

**Número de tintas:** Veintiuna

*Jeremy Fish, el maestro de las cosas monas e inquietantes, se subió a su furgoneta justo después de que una galería le dedicara una extensa exposición a sus creaciones, para empaparse del ambiente del Decoder, donde encontró almas gemelas ansiosas de producir a un ritmo increíble. Sobre una textura que imita la madera, despliega su galería de imágenes y su paleta de colores habitual y, por supuesto, consigue colar furtivamente un conejito rosa.*

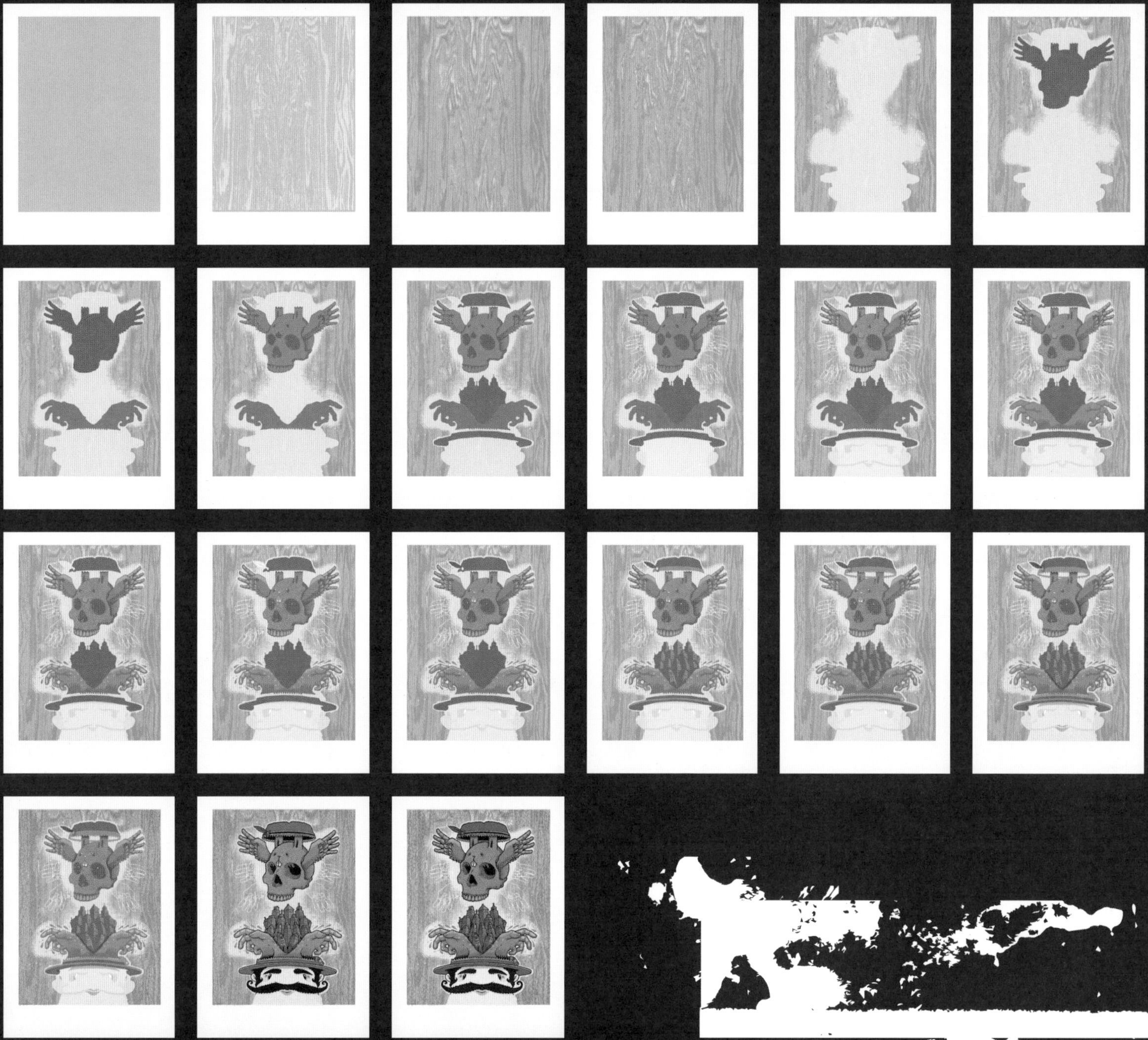

**Título:** *Rock for Kids*

**Diseñador:** Tad Carpenter

**Tamaño:** 20,3 x 20,3 cm

**Técnica de impresión:** Serigrafía

**Número de tintas:** Cuatro

**NOTA:** Carpenter sigue encontrando nuevas maneras de exhibir sus alegres ilustraciones, ya sea en juegos de tarjetas, láminas decorativas o paneles de madera.

**Título:** *Wood SilkSerigrafías*

**Diseñador:** Tad Carpenter

**Tamaño:** Varios

**Técnica de impresión:** Serigrafía

**Número de tintas:** Tres

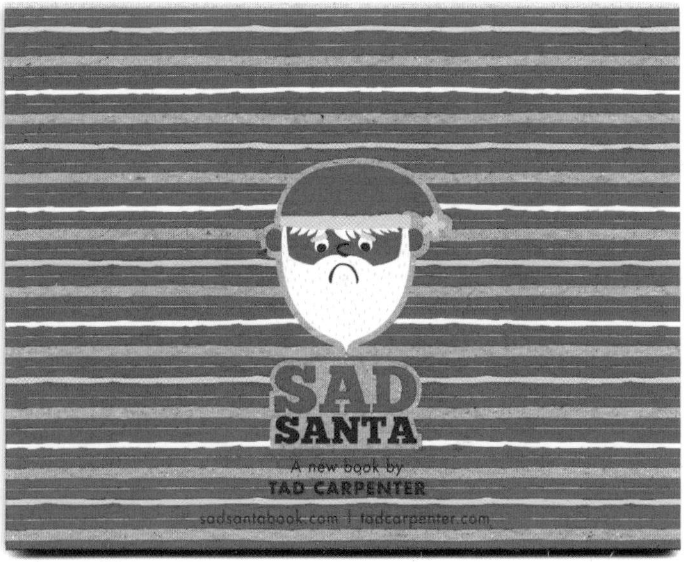

**Título:** *Sad Santa Holiday Goodies*

**Diseñador:** Tad Carpenter

**Tamaño:** Varios

**Técnica de impresión:** Serigrafía

**Número de tintas:** Tres

**NOTA:** Cuando una idea es buena, encontrarle distintas aplicaciones es sin duda una manera estupenda de maximizar su eficacia. Al divertido libro del Papá Noel triste de Carpenter le va muy bien el papel kraft poroso, sobre el que el blanco funciona de maravilla. Pero aún mejores son los adornos navideños que forman parte del mismo proyecto.

SAD
SANTA

SAD
SANTA

SAD
SANTA

SAD
SANTA

# MI ESPACIO DE TRABAJO: KEVIN MERCER, LARGEMAMMAL

"Tengo el estudio en el sótano de mi casa. Lo monté por muy poco dinero hace diez años y aún funciona perfectamente", dice Mercer. Tras una década de bajar esas escaleras e imprimir una y otra vez, ha introducido algunas innovaciones sencillas que cuestan muy poco y han supuesto grandes mejoras. "Hay tres cosas indispensables para la supervivencia de mi estudio. Las tres las hice yo solo, por poco dinero", recalca. "La mesa de luz con focos ultravioleta para insolar las pantallas es fundamental. Fijo los positivos a la pantalla con cinta adhesiva y luego los meto en una bolsa cerrada al vacío (¡la que anuncian en la tele!) para presionar el positivo contra la pantalla. Así consigo resultados muy precisos, con mucho detalle. Después lavo las pantallas en una cabina de lavado de contrachapado, y el agua va a parar a un depósito de unos 19 litros que luego vacío en el desagüe con un filtro casero para evitar que se cuelen elementos sólidos. Es una manera sencilla pero eficaz de hacer frente a una de las cuestiones más complicadas que conlleva montar un taller de impresión decente."

"Mi mesa de impresión es una adaptación de la mesa de succión que propone construir Andy MacDougall. Funciona como una mesa de hockey aéreo invertida. Le conectas el tubo de la aspiradora a un lado, enciendes la aspiradora y consigues que el papel no se mueva", explica Mercer, añadiendo entre risas "es importante que la hoja no se mueva cuando estás imprimiendo tus diseños cutres. Lo único en lo que de verdad me gasté dinero es la rejilla de secado. Fueron 200 dólares bien invertidos, porque no sé qué sería de mí si no tuviera una rejilla en condiciones". Mercer menciona también algo igualmente importante para su bienestar, algo que sale muy barato si tenemos en cuenta el beneficio que reporta: "Se pueden comprar paneles acolchados para forrar el suelo por poco dinero, y la verdad es que tu espalda te lo agradece cuando lleves horas de pie en la misma postura sobre un suelo frío de hormigón". Un consejo de profesional.

Mesa de luz perso-nalizada

Quemando una pantalla con bolsa al vacío (¡anunciada en T.V.!)

LIVE WHAT YOU LOVE
Peso
Caña de pescar
Gel desin-fectante
Papel de embalar
Precinto
Tijeras
Plan de trabajo

Libros de consulta
GENETICS
THE WATERSHED
LINOTYPE
GOODE'S WORLD ATLAS
America's Other Audubon

PILOT
Bolígrafos japoneses para dibujar

Rack de secado
Mesa de impresión
Guitar
Papel
Silla cómoda

hello.

**Título:** *Kurt Vile*

**Diseñador:** Kevin Mercer/ Largemammal

**Tamaño:** 45,7 x 61 cm

**Técnica de impresión:** Serigrafía

**Número de tintas:** Cuatro

**NOTA:** Mercer es un yonqui de las texturas en el mejor sentido de la palabra. Todas sus creaciones incluyen diez o más texturas hechas a mano, y cada una de ellas le sirve para descubrirle algo nuevo al espectador o para descubrírselo a sí mismo durante el proceso de impresión. ¡Ganamos todos!

# LO MÁS DIFÍCIL QUE HE TENIDO QUE IMPRIMIR

## Kevin Mercer, Largemammal

"Este póster de Young Widows casi acaba conmigo", cuenta Kevin Mercer. "La razón principal fue que lo planteé como una impresión a siete colores. Había muchas capas transparentes que en cualquier momento podían quedar demasiado turbias o pringosas, así que en cada pasada tenía que pensar las cosas muy bien y ser muy cuidadoso. El color principal acabó siendo una capa de blanco muy transparente que va encima del amarillo y el rojo en la zona de los dientes. Le añade profundidad y matices. Los colores que van por encima de esa capa blanca destacan más así que si se hubieran imprimido directamente sobre el blanco del papel, sobre todo los raspones de color magenta y el goteo del centro. Ojalá todo el mundo pudiera ver la impresión de cerca y en persona", dice riéndose. "Eso de tener que ver la obra en persona es un lugar común de mi producción", añade, socarrón. Perfecto para la era de internet…

Aprende algo nuevo cada día *página 149*

**Título:** *Explosions in the Sky*

**Diseñador:** Brady Vest/Hammerpress

**Tamaño:** 38,1 x 57,2 cm

**Técnica de impresión:** Tipográfica

**Número de tintas:** Cuatro

**Título:** *Swans*

**Diseñador:** Brady Vest/Hammerpress

**Tamaño:** 38,1 x 57,2 cm

**Técnica de impresión:** Tipográfica

**Número de tintas:** Cuatro

**Título:** *Happiness Will Find You*

**Diseñador:** Brady Vest/Hammerpress

**Tamaño:** 38,1 x 57,2 cm

**Técnica de impresión:** Tipográfica

**Número de tintas:** Dos

**Título:** *HeArtes of Darkness*

**Diseñador:** Brady Vest/Hammerpress

**Tamaño:** 38,1 x 57,2 cm

**Técnica de impresión:** Tipográfica

**Número de tintas:** Cinco

**Título:** *Washed Out*

**Diseñador:** Brady Vest/Hammerpress

**Tamaño:** 38,1 x 57,2 cm

**Técnica de impresión:** Tipográfica

**Número de tintas:** Cuatro

**Título:** *Beach House*

**Diseñador:** Brady Vest/Hammerpress

**Tamaño:** 38,1 x 57,2 cm

**Técnica de impresión:** Tipográfica

**Número de tintas:** Cinco

**Título:** *The Itch*

**Diseñador:** Jay Ryan/The Bird Machine, Inc.

**Tamaño:** 35,6 x 56 cm

**Técnica de impresión:** Serigrafía

**Número de tintas:** Tres

**NOTA:** Ryan prueba constantemente nuevas maneras de añadir detalles interesantes que aporten algo tanto a sus dibujos como a sus procesos de impresión. Aquí aplica con mucho gusto un blanco roto sobre papel negro buscando esa textura plumada.

**Título:** *Travel Series*

**Diseñador:** The Heads of State

**Tamaño:** 40,6 x 61 cm

**Técnica de impresión:** Serigrafía

**Número de tintas:** Varios

**NOTA:** Aprovechando el tirón de los carteles antiguos de promoción turística, el estudio The Heads of State realizó estas versiones modernas, que han tenido un éxito abrumador.

SAN FRANCISCO

NEW
YORK
CITY

MIAMI

CHICAGO

PHOENIX

WASHINGTON D.C.

# EL FUTURO DE LA IMPRESIÓN ARTESANAL

Hay muchos factores que mantienen viva la impresión artesanal, pero el que le garantiza un futuro vibrante es el meramente económico: permite probar ideas nuevas gastando poco. Reducir el riesgo que corren los diseñadores significa que pueden invertir su tiempo en una idea o una actividad nueva sin el miedo de no llegar a verla plasmada en un producto final. Al fin y al cabo, cuando crean, lo hacen con la intención de compartir lo creado con otra gente (ya tienen conceptos de sobra en sus cuadernos de bocetos y en los recovecos de sus cerebros efervescentes). Reducir el riesgo también supone poder experimentar incluso en la imprenta, a sabiendas de que si algo no funciona no se habrán perdido más que unos cuantos pliegos de papel, un poco de tiempo y quizá algo de tinta.

De la misma manera que se pueden cambiar detalles en mitad de una tirada, hay flexibilidad para cambiar la manera en que funciona un estudio o un negocio. Se pueden probar cosas diferentes y emprender nuevos rumbos hasta sentirse cómodo y conseguir cierta estabilidad, y entonces pegar un volantazo y salir disparado por un carril completamente distinto que nos lleve por derroteros desconocidos, con parada en las muchas atracciones del camino.

*primer plano de una impresión de Hammerpress*

### LAS URDIMBRES DEL DISEÑO Y EL ARTE (DE WARHOL A SERIPOP)

Después de la inversión de la WPA (ver página 9), la serigrafía subió de rango y fue adoptada por muchas de las figuras más influyentes del pop art. Pasó de ser un mero proceso o herramienta a ser un estilo en sí misma. Fue un fenómeno fundamentalmente norteamericano, muy presente en galerías y en la obra de los artistas durante los 60, cuando Andy Warhol lo introdujo en las conversaciones de las tertulias cotidianas.

En medio de la agitación social que sacudía el mundo a finales de los sesenta, la serigrafía se convirtió en elemento clave de un movimiento de arte popular que se nutría de la insatisfacción juvenil. Las protestas estudiantiles en todo el mundo recurrían a esta técnica rudimentaria para producir el máximo número de copias posibles de sus mensajes. Ya fuera en la lucha por los derechos civiles en el sur de Estados Unidos o para forrar de papel todo París, una generación entera aprendió que la serigrafía era una herramienta valiosa con la que hacer arte. Contemplando aquellos acontecimientos con optimismo, la sorprendente producción de la hermana Mary Corita Kent apostaba por la serigrafía para difundir mensajes positivos a un público desesperado. Utilizaba la tipografía y el color con mucha inteligencia, y su estilo emanaba sin duda del amor que profesaba al proceso serigráfico. Su combinación de mensajes sencillos, política, sensibilidad pop y golpes de efecto gráficos era la materialización de las posibilidades que ofrecía entonces la impresión a pequeña escala.

Mientras el mundo del arte atravesaba ese periodo transicional que fue la década de 1970, la impresión artesanal mantuvo el tipo, pero su protagonismo fue decayendo. Sin embargo, cada vez más diseñadores caían rendidos a sus encantos y buscaban la manera de explotar su potencial.

Con los excesos de los ochenta llegó el *más es más* y, de pronto, romper vajillas caras contra lienzos empapados de pintura se convirtió en algo digno de entrar en los anales del arte. Hasta las láminas de Warhol se vieron reducidas a mera materia prima sobre la que pintar. Todo lo que había estado fraguándose hasta entonces alcanza un curioso destilado en la obra del diseñador gráfico e ilustrador Patrick Nagel, que obtuvo un gran éxito comercial gracias a su pasión por la impresión a pequeña escala y sus características exclusivas. Partiendo del alto contraste de la xilografía tradicional, la eficiencia y la paleta de color del art déco y las necesidades de la serigrafía, Nagel creó falsas impresiones serigráficas dentro de sus ilustraciones. (También hizo impresiones serigráficas de verdad.)

Actualizó la imagen de las *pin-up* dotándolas de cierta frialdad futurista, y su combinación de diseños atrevidos y sexualidad vana llegó a ser icónica de los ochenta. Su ilustración para la portada del superventas de Duran Duran, *Rio*, llevó su estilo a las manos de los adolescentes de todo el mundo, y con ella tocaron fondo las innovaciones que Warhol había introducido en los mundos del arte, el diseño y la música dos décadas atrás. La muerte de Nagel, que sufrió un infarto tras participar en un maratón de aeróbic para famosos, pareció resumir aquel periodo mejor de lo que jamás pudo hacerlo su obra.

Por suerte, paralelamente, ese trasfondo de insatisfacción popular y el conocimiento rudimentario de ciertas técnicas de impresión cogían fuerza en Estados Unidos debido a varios factores. El más obvio, la entrada en vigor de leyes que prohibían fijar carteles en muchas ciudades, para evitar que los promotores de conciertos y espectáculos empapelaran sus muros con las nuevas fotocopias, tiradas de precio. Como efecto colateral, los mensajes políticos y los carteles de cualquier índole quedaban también prohibidos. En los últimos años de la década de 1980 se vivió un auge de la impresión protesta (nunca olvidaré los carteles de Jeff Nelson que cubrieron mi ciudad natal, Washington DC, con el mensaje *Meese is a pig* en referencia al fiscal general de Estados Unidos). En aquellos años surgieron algunos de los primeros diseñadores de carteles de concierto que darían un nuevo impulso al medio. Y, en la década de los 90, el cartel de concierto salió de la clandestinidad para dar cobijo a muchos de los diseñadores y artistas más innovadores de los últimos veinte años. Tanto la serigrafía como la impresión tipográfica vivieron en los 90 un ligero renacimiento que se dejó sentir en el mundo del diseño y en el del arte. Las ediciones limitadas de láminas, promocionadas como asequible “arte para el pueblo”, se convirtieron en artícu-

**Título:** *J'm'en suis déjà souvenu*

**Diseñador:** Seripop: Yannick Desranleau y Chloe Lum

**Tamaño:** Varios

**Técnica de impresión:** Serigrafía

**Número de tintas:** Varios

**NOTA:** Hay muy pocas impresiones realmente interactivas, y desde luego muchas menos que además lo sean de manera forzosa, pero en este caso, si la gente quiere ir de un sitio a otro del centro comercial tiene que hacerlo pisoteando la instalación de Seripop, revelando capas adicionales de papel impreso y dejando a su paso los restos agrestes.

**Título:** *Hoarding Skin*

**Diseñador:** Seripop: Yannick Desranleau y Chloe Lum

**Tamaño:** Varios

**Técnica de impresión:** Serigrafía

**Número de tintas:** Varios

*Foto de Erik Zajaceskowski y Rebecca Smeyne*

los coleccionables y escaparate de algunos de los diseños más innovadores del momento. La impresión tipográfica, que volvía a merecer la consideración del público y a ser objeto del deseo de minoristas y artesanos, más o menos sobrevivía desde el punto de vista comercial, sin alejarse demasiado del emblemático camino marcado por Hatch Show Print y compañía. La serigrafía, sin embargo, se estaba convirtiendo en una fiera difícil de domar. Los artistas más irreverentes la adoptaron enseguida para dejar su impronta, mientras a los diseños ya de por sí arriesgados de Art Chantry, Frank Kozik y sus acólitos se sumaban los de gente de la talla de Ron Liberti, que parecía exhalar creatividad e inspiración allá donde fuera.

Una imparable generación de diseñadores pasó a un primer plano y empezó a curtirse en la serigrafía. Los carteles de teatro de Dave Plunkert o Paul Sahre no tenían nada que envidiar a los maestros polacos en cuestión de dramatismo, y eso que sus presupuestos eran muy limitados. Modern Dog recogió el testigo de la hermana Corita, pero con un sentido del humor mucho más excéntrico. Jeff Kleinsmith maduró, dejó atrás el diseño de flyers para grupos punks y se embarcó en proyectos abstractos muy interesantes. Martin Woodtli consiguió que el pop art y las infografías más minuciosas cobraran sentido como solo podría hacerlo un suizo.

Empezaron a proliferar las exposiciones de láminas en reputadas galerías de arte y en las cafeterías del barrio. En las más selectas muestras de arte a nivel internacional gran parte de las obras empezaron a ser impresiones serigráficas, que dominaban el panorama desde México a Rusia pasando por Irán. El mundo aunó fuerzas para ayudar a recaudar fondos para la reconstrucción de las zonas afectadas por el huracán Katrina, y muchas de las obras que se donaron para ser subastadas, incluida la mía, venían del mundo de la serigrafía. Aquello fue la fuente de inspiración de otros conmovedores intentos de tender la mano a las víctimas del desastre y la devastación, ya fuera en Haití o en Japón.

Con la explosión de la impresión a pequeña escala, la calidad del trabajo pasó a ser más heterogéneo y, a veces, se dolía de cierta afectación. Nunca fue tan importante el impulso de los agitadores para lanzar al gremio entero a la búsqueda de nuevas cimas que coronar, para hacer que se propusieran experimentar y crecer y se tomaran cada proyecto como una oportunidad de mejorar. Cuando me quise dar cuenta, estaba contemplando al más reacio de los líderes. El dúo montrealés Seripop parecía encarnar todo lo que había de fabuloso en el mundo de la serigrafía en aquel momento, venían del diseño y combinaban su disciplina con la osadía de quien llega de otro ámbito, su amor por los materiales baratos y su afán por trabajar las veinticuatro horas del día. A principios de la década de 2000, Yannick Desranleau y Chloe Lum arrasaron en el mundo del cartel de concierto, para el que llegaron a producir cantidades ingentes de pósters. Cada una de sus nuevas creaciones, impresas con pintura doméstica en lugar de tinta y en papel casi como el de fumar, era aún mejor que la anterior. Pronto tenían a sus espaldas una producción impactante que dejaba boquiabierto al público general y al resto del mundo del diseño preguntándose de dónde carajo sacaban las ideas. Que todas aquellas imágenes estrafalarias y tipografías impenetrables cubiertas de colores descarados emanaran de dos de las personas más tranquilas y con los cortes de pelo más estrambóticos que uno pueda echarse a la cara parecía casi demasiado perfecto.

Con el paso de los años, la pregunta que todos deseábamos poder responder era: ¿qué será lo siguiente que hagan?

Seripop se propuso dedicar todo su tiempo al arte. Concentraron sus esfuerzos exclusivamente en exposiciones e instalaciones, dejando atrás los carteles de conciertos y la ilustración y empezando a pensar a lo grande, muy a lo grande. Acometieron proyectos de dimensiones descomunales. Que además lo hicieran siempre dentro de un tamaño de página prefijado y sin escatimar el número de tintas que estaban dispuestos a utilizar en cada impresión es prueba fehaciente de que bajo esos cortes de pelo bien puede haber un punto de locura.

El dúo sigue trabajando como lo ha hecho siempre, imprimiendo hojas convencionales, a veces varios cientos y otras veces aún más. Distribuyen el color en manchas y patrones y apilan los resultados en su estudio, convocando a cuadrillas de trabajadores sucios de tinta para

“LO MÁS DIFÍCIL PARA QUIEN SE DEDICA A HACER IMPRESIONES DE ESTE TIPO ES CONSEGUIR QUE EL NEGOCIO RESULTE SOSTENIBLE Y DESTACAR COMO INDIVIDUO. HAY MUCHÍSIMAS COSAS MUY PARECIDAS EN EL MERCADO. PARA MÍ ESO FUE DECISIVO A LA HORA DE PRIMAR MIS APTITUDES COMO ILUSTRADORA EN MI PRODUCCIÓN Y NO PLANTEARME LAS COSAS EXACTAMENTE IGUAL QUE CUALQUIER OTRO DISEÑADOR. CREO QUE SALTA A LA VISTA SI SE HA PUESTO MUCHO CUIDADO AL HACER ALGO, DESDE EL CONCEPTO AL RESULTADO FINAL, Y MIS HÉROES PERSONALES DEL MUNDO DEL DISEÑO SE HAN LABRADO TRAYECTORIAS ESPECTACULARES GRACIAS A SU AMOR VERDADERO POR EL OFICIO.”

*Frida Clements*

**Título:** *The XX*

**Diseñador:** Frida Clements

**Tamaño:** 45,7 x 61 cm

**Técnica de impresión:** Serigrafía

**Número de tintas:** Tres

acometer la construcción. Lo increíble es lo que hacen después de imprimir. Construyen formas de lo más variopintas con los pliegos impresos: conos, bloques y lo que haga falta para dar vida a formaciones mucho más grandes, que transmutan en columnas y criaturas de todo tipo. Es así como consiguen crear algo colosal a partir de simples hojas de papel, un poco de pintura doméstica y una prensa que manejan con sus propias manos.

A Seripop siempre le ha fascinado la naturaleza efímera de los carteles de concierto, destinados a sufrir las inclemencias del tiempo y a ser arrancados a los pocos días, un ciclo brutal a la par que gratificante. Más que intentar que no les afectara, lo que hacían era deleitarse en la descomposición constante y la desaparición de lo que habían llevado a las calles. Esa sensación alentó algunas de sus investigaciones más lúcidas, y de ahí surgió la idea de montar instalaciones dependientes de la erosión de los materiales: forraron de impresiones edificios enteros, cubrieron suelos de centros comerciales y esperaron sentados a que el ir y venir de la gente destrozara sus creaciones, transformándolas en una obra distinta cada día que pasaba.

Al tomar el medio que Warhol había elevado a las envanecidas paredes de las galerías, y que había alcanzado precios grotescos en las subastas, y llevarlo a pie de calle, dejando que los consumidores lo hicieran literalmente pedazos, Seripop consiguió devolver de verdad la serigrafía al pueblo, de la manera más ingeniosa posible. El contraste entre las representaciones glamurosas y en colores chillones de famosos y estas creaciones de Seripop que primero pasan desapercibidas para luego irse convirtiendo en un elemento feo e irritante cierra el círculo de 50 años de genialidad.

## EXPANSIÓN EMPRESARIAL Y EVOLUCIÓN

El auge de la impresión a pequeña escala en los 90 pilló por sorpresa a todo el mundo, incluso a los que llevaban tiempo practicándola. Internet abrió las puertas de lo que hasta entonces había sido únicamente el terreno de unos pocos y avisó a un público hambriento de que esas láminas se podían adquirir por muy poco dinero. Pronto se abrió un mercado global, y lo que hasta entonces se hacía por amor al arte, o como trabajo extra por el que se ganaba una miseria, se convirtió en un negocio paralelo viable para los diseñadores, una vocación en toda regla.

A medida que la impresión se convertía en una pequeña industria, muchos impresores expertos iban abriendo un nicho de mercado y fundando negocios sostenibles. El equilibrio seguía siendo precario, pues cualquier estructura basada en ediciones limitadas implica que el artista solo es tan bueno como lo haya sido su último diseño, y, además, la incapacidad inherente al medio de maximizar cualquier beneficio que pueda reportar incluso la más exitosa de tus producciones es la última vuelta de tuerca que hace que el éxito sea siempre algo esquivo. Encontrar maneras de pagar el alquiler, manteniendo a la vez la reputación necesaria para triunfar en un mercado pequeño, y saciar los apetitos creativos conforme afloran exige una mentalidad innovadora. Para algunos, implicaba aprovechar la visibilidad que les proporcionaban las impresiones para acceder a puestos de trabajo en campos afines de la industria creativa, desde la ilustración editorial a los juguetes de diseño. Otros cedieron los derechos de sus imágenes a mercados más amplios, como la peculiar boutique Blue Q. Hay quien se aventuró con paso firme en la dirección contraria y buscó financiación para obras de arte aún mayores o tiradas más ambiciosas que garantizaran un flujo de ingresos constante. Unos cuantos espíritus infatigables aceptaron el reto de abrir sus propios establecimientos, lo que supone no solo encontrar productos con los que llenar los estantes, sino también manejar la caja registradora y barrer todas las noches.

Yee Haw Industries abrió una tienda en Knoxville, y Julie Belcher y Kevin Bradley pronto se integraron en su entorno local, con creaciones que dejaban patente su predilección por lo regional, además de incluir sagaces guiños políticos aquí y allá. Todo, desde los pósters enormes a las diminutas tarjetas, estaba completamente impregnado de su personalidad, como lo estaban a menudo sus figuras rudimentarias e ilustraciones talladas en madera. (Yee Haw Industries cerró sus puertas a finales de 2012, fragmentándose en Pioneer House [Julie Belcher] y Church of Type [Kevin Bradley]).

**Título:** *Gatsby Poster*

**Diseñador:** The Heads of State

**Tamaño:** 45,7 x 61 cm

**Técnica de impresión:** Tipográfica

**Número de tintas:** Cuatro

*Partiendo de la premisa de que el capítulo cuatro de* El gran Gatsby, *de F. Scott Fitzgerald, es como "una lista VIP de la era del jazz", Jason Kernevich y Dusty Summers se propusieron "inspirarse en esas páginas" para crear un póster repleto de tarjetas de visita y material de papelería personalizado "de los peces gordos que asistían a las fiestas de Gatsby en el verano de 1922". Para darle autenticidad se han incluido "ocupaciones reales, direcciones de la propia historia, extensiones telefónicas de época y un cameo de un personaje principal".*

**NOTA:** Homenajeando a una obra maestra de la literatura y conmemorando a la vez las bondades de casi cien años de tarjetas de visita tipográficas, The Heads of State diseñaron una impresión única desde muchas perspectivas y que resulta atractiva para distintos públicos.

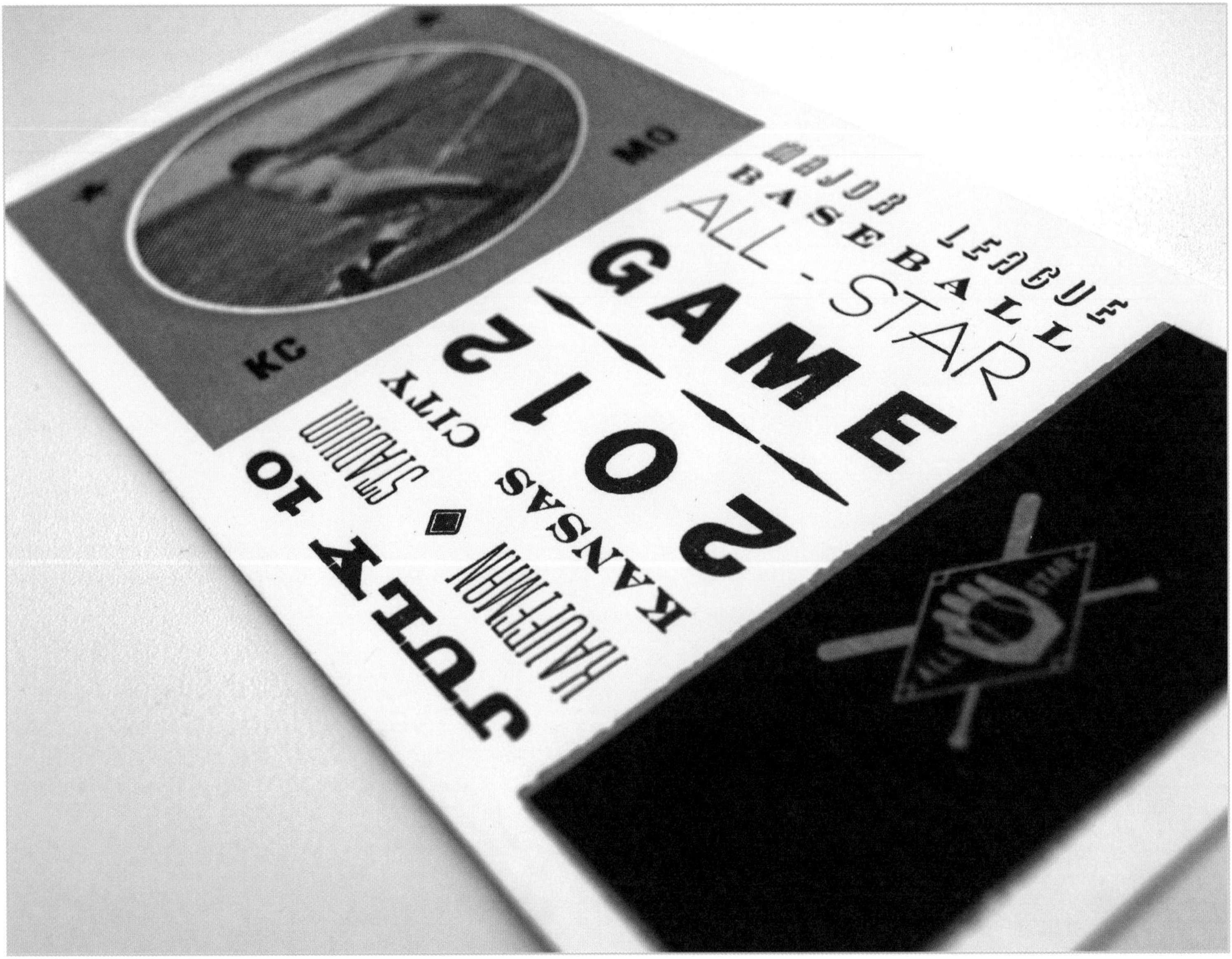


**Título:** *Major League Baseball All-Star Game*

**Diseñador:** Brady Vest/Hammerpress

**Tamaño:** 9,5 x 19,7 cm

**Técnica de impresión:** Tipográfica

**Número de tintas:** Cuatro

Hammerpress encontró un amplio canal de distribución para sus sofisticadas tarjetas de felicitación y regalo en las papelerías de todo Estados Unidos. Manejaban la prensa como directores de orquesta, añadiendo piezas aquí y allí, extendiendo tintas y jugando con las formas y los tipos hasta lograr la armonía de todas las partes, y así fueron creando un flujo constante de productos preciosos con distintas texturas que garantizaban sus ventas, reinventando medios tan sencillos como las tarjetas de agradecimiento. Otra de las cosas que aumentó la carga de trabajo de los operarios de prensas tipográficas de todo el mundo fue el retorno de las invitaciones personalizadas para celebraciones en general y bodas en particular. Además de garantizar un volumen de trabajo estable (aunque, si la cosa iba bien, solo se recibiera un encargo de cada cliente nupcial), la razón por la que la gente buscaba este tipo de impresión para una fecha especial era la calidad del trabajo previo, así que a menudo también se trataba de una tarea sorprendentemente gratificante desde el punto de vista creativo. Yee Haw se hizo cargo de la impresión de las famosas 50.000 invitaciones para la inauguración de una tienda de Ralph Lauren, y Hammerpress imprimió octavillas preciosas para en el Partido de las Estrellas de las Grandes Ligas de Béisbol que tuvo lugar recientemente en su ciudad, Kansas City.

El fenómeno de los carteles de concierto prendió con fuerza, y por primera vez las promociones recién graduadas de las escuelas de diseño contemplaban la posibilidad de hacer pósters y montar una pequeña imprenta como salida profesional. El aumento del interés sirvió para crear muchas más oportunidades. La concentración anual en torno al cartel de concierto, promovida por la convención South by Southwest (SWSW) y el festival Flatstock, creció rápidamente, dando lugar a muchos más actos cada año que a menudo coincidían con festivales musicales y atraían a miles de compradores, poniendo en contacto directo a los diseñadores con su público. En la actualidad se celebran actos similares con carácter internacional. Ver a tanta gente del gremio concentrada en un mismo palacio de congresos es emocionante, aunque solo sean una pequeña parte de la cantidad real de gente que se dedica al diseño e impresión de carteles musicales.

Tras constatar que las series de carteles sobre un solo artista o grupo eran buen negocio, se produjo otro avance interesante, con el que se introdujo, además, un elemento de competencia directa que ha llevado a todos los implicados a mejorar sus diseños y sus impresiones para evitar quedar en evidencia. Al ofrecer a un número limitado de seguidores incondicionales la oportunidad de demostrar su entrega convirtiéndose en dueños de los pósters exclusivos que sirvieron para promocionar un concierto multitudinario, Pearl Jam y Ames Bros brindaron un precoz perfeccionamiento de la fórmula, a la que siguen recurriendo hoy en día gente como la Dave Matthews Band y Methane Studios, y que ha dado lugar a parejas tan curiosas como No Doubt y Dirk Fowler. Era y es tarea fácil colocar de cincuenta a doscientos pósters entre fans devotos congregados en enormes recintos. Para los conciertos menos destacados, los promotores supieron ver las posibilidades de negocio introduciendo un cambio fundamental: invitar a un diseñador distinto para cada ciudad, dando lugar a colecciones de pósters estelares que dejaban constancia gráfica de las giras musicales internacionales.

Esto ofrece una tremenda ventaja, ya que cada diseñador promociona a su vez la gira y al artista en cuestión entre su propio público y, a cambio, los seguidores del artista quieren hacerse con pósters de otros conciertos y no solo con el de aquel al que han asistido. La idea ha dado resultados a todo lo largo y ancho del mapa, desde el maestro canadiense del *power pop* AC Newman al *country punk* de Lucero en Memphis, pasando por todo lo que queda entre un extremo y otro. No obstante, la serie con la que todo el mundo se compara es la que promociona a esos mercaderes del *sludge metal* conocidos como los Melvins. Casi como si de una nominación a los premios de la academia se tratara, que te inviten a colaborar en la serie ya es todo un honor. La colección incluye algunos de los diseños más arriesgados jamás producidos por las grandes figuras del cartel de concierto, y quien no saque la artillería pesada sabe que morderá el polvo. Nadie quiere tener que competir con el pene gigante que acaba con una tropa de soldados de infantería (en el emblemático póster de Jeff Kleinsmith) sin haberse esforzado por ofrecer el mejor producto posible.

Festivales musicales de la talla del Sasquatch! acogieron su propia versión de este tipo de series, asignando un diseñador distinto a cada uno de los artistas o bandas del cartel, del primero al último. Siguiendo el ejemplo, algunos cines encargaron a muchos de estos diseñadores que revisitaran y crearan carteles nuevos para las películas más emblemáticas que proyectaban. El más conocido es el cine Alamo Drafthouse, en Austin, que logró creaciones espectaculares por parte de Kleinsmith y compañía para *El resplandor*, *El padrino*, *La leyenda del indomable*, *El proceso*, *El trío fantástico* y otras. Jay Ryan se encargó de *Dieciséis velas*, *El club de los cinco* y *La chica de rosa*, cerrando con ello el círculo Chicago/John Hughes. Los resultados competían en igualdad de condiciones con lo mejor que se hacía en ese ámbito por aquel entonces. Más adelante, el cine montó su propio negocio poniendo a la venta series de carteles de *Star Wars*, *Star Trek* y *Los amos de la noche*, entre otras.

El ajetreo era tal en los talleres que resultaba difícil ver más allá de la pila de papel por imprimir o la siguiente lata de tinta, pero en Estados Unidos hubo pocas cosas con las que la recesión se cebara tanto como con las pequeñas empresas. Una superabundancia de profesionales recién llegados inundaba el mercado, muchos de ellos con una ética muy distinta de la de la anterior generación de diseñadores de carteles de conciertos, y eso, combinado con una reducción del poder adquisitivo del melómano medio, supuso una merma considerable de la porción del pastel a repartir esta vez entre el doble de gente. La impresión a pequeña escala seguía siendo igual de viable, pero dedicarse en exclusiva a los carteles musicales empezaba a ser una apuesta arriesgada. Otras vías, como Etsy y las ferias de artesanía, se postulaban como candidatas a llenar parte del vacío, pero estaba claro que cambiar de canal de venta no era la única respuesta.

Entonces, los diseñadores hicieron lo que mejor hacen: resolver un problema de una manera original hecha a su medida y a la de su situación. Sin traicionar su estilo ni su manera de trabajar, supieron encontrar nuevas ocasiones de propagar su entusiasmo impresor por el mundo. Print Mafia diseñó un arsenal de láminas en torno a iconos de la cultura popular, todas ellas excelentes, tanto por la manera en que están montadas y ejecutadas como por las imágenes. Aesthetic Apparatus canalizó su oscura energía en una serie de hábiles láminas basadas en sus “gotas de fatalidad” gráficas (*Doom Drip Series*). A continuación tiraron de su humor del Medio Oeste y diseñaron varias láminas y productos graciosos, de entre los que destaca la satírica serie de señales *Sorry We're*. Partiendo de que puede que sean “inútiles desde el punto de vista comercial” para cualquier establecimiento, aprovechan el atractivo de los carteles de Abierto/Cerrado para quien “no necesariamente está interesado en definir su disponibilidad”. Un producto absolutamente genial y que además pueden vender indefinidamente.

Muchos otros se han adentrado con fuerza en el terreno de la impresión artística, como Jay Ryan y la cautivadora serie de impresiones en la que relata las numerosas vicisitudes del garaje independiente de su patio trasero. En muchos sentidos, romper las barreras que impone la relación con un cliente concreto permite al público apreciar al diseñador por cada uno de los aspectos que conforman su personalidad: sus ilustraciones, su manera de imprimir y, a menudo, su sentido del humor. Por ese camino avanzamos hacia un futuro en el que el consumidor consigue establecer una conexión muy auténtica con el creador, algo para lo que el arte y el diseño hecho a mano no tienen rival.

## ANTECEDENTES E HISTORIA

Desde las más antiguas civilizaciones, siempre hemos tenido la necesidad de imprimir imágenes y mensajes para plasmar nuestras ideas y sensaciones, y ese sigue siendo el principio fundamental de todo aquello que acaba en una imprenta. La impresión artesanal se ha salido del carril rápido de la modernidad en alguna ocasión para reaparecer cuando más la necesitábamos. En muchos sentidos, parece que justo ahora nos encontramos inmersos en uno de esos periodos. Los medios impresos en general sufren un hostigamiento incesante por parte de varias formas de comunicación digital, y las víctimas van quedando desamparadas por el camino. Podemos decir sin miedo a equivocarnos que más de la mitad de la población mundial ha renunciado a la idea de hacer un pedido de papel y sobres de carta en un futuro próximo.

En esa coyuntura, la impresión a pequeña escala llega al rescate. Al principio de los tiempos, cuando se empezaba a dominar técnicamente la impresión, el objetivo prioritario era siempre la cantidad, y solo después de alcanzarlo se hacía hincapié en la calidad. Se competía por obtener el mayor número de ediciones, a un coste mínimo y en el menor tiempo posible. Desde sus inicios, las imprentas pequeñas y lo que equivaldría a las prensas tipográficas se reservaban para proyectos especiales, y las manejaban expertos capaces de imprimir documentos religiosos y doctrinas con tintas de oro. Todo aquello se perdió con el reajuste que supuso el desarrollo de la serigrafía con fines comerciales. De nuevo, lo importante era ahorrar en costes de producción y acelerar la velocidad a la que se reproducía una plantilla sencilla. Por suerte, los fornidos brazos de operarios con mayores inclinaciones estéticas volvieron a reivindicar la impresión tipográfica, y hoy en día ambas formas de impresión se utilizan para distinguir un producto en el mercado. Se producen menos artículos de papelería, pero los impresos tipográficamente destacan por encima del resto y son signo de relevancia y estilo.

Lo mismo ocurre con los carteles. Tras haber sido durante mucho tiempo la gran baza de cualquier promoción, fueron desapareciendo del mercado a una velocidad pasmosa a medida que el correo electrónico se impuso como forma de exhortar a las masas. Pero, contra todo pronóstico, el cartel buscó cobijo en los estudios de los pequeños impresores y volvió como un medio más hábil. Tras la desaparición de más de la mitad de los carteles que solían cubrir las paredes y muros de nuestro entorno más inmediato, ahora disponemos de una selección mucho más atractiva. Si se hace un cartel de algo, suele merecer la pena tomarse la molestia de ver de qué va, a raíz de lo cual el nivel de los diseños y el valor que tiene coleccionarlos han alcanzado niveles estratosféricos.

Resulta que incluso en la era de oro digital seguimos necesitando el papel impreso. Como siempre ocurre en los ciclos de innovación, la única novedad es que necesitamos que ese papel impreso sea relevante.

## LA COMUNIDAD

Hay pocas comunidades tan unidas como la de los pequeños impresores. Su evolución es curiosa. En un principio, todos sus miembros operaban desde su pequeña burbuja local. Quizá te sonaban nombres como el de Art Chantry, pero antes de la explosión de internet, ahí acababa todo. Puede que estuvieras en contacto con un pequeño grupo de gente de tu ciudad que tenía y manejaba maquinaria parecida a la tuya, y quizá coincidías de vez en cuando con alguien en la tienda de bellas artes o el proveedor de papel, pero el contacto con cualquier otra persona que se estuviera enfrentando a los mismos problemas que tú a diario era prácticamente inexistente. La inspiración más estimulante provenía de libros y revistas que en la mayoría de los casos mostraban creaciones del año anterior.

Sé que es una obviedad que se ha repetido mil veces, pero internet lo cambió todo. De repente se podía acceder a lo que alguien estaba haciendo al mismo tiempo en Chicago, Austin, Seattle, Minneapolis y Chapel Hill, y era posible ponerse en contacto con gente de esas ciudades y comparar y debatir sobre distintos tipos de papel, proveedores de tintas, la calidad de las racletas o la numeración de las mallas. Antes podías tardar años en localizar una bandeja de tipos de metal, pero ahora no solo la puedes localizar (a menudo más cerca de lo que te imaginas), sino que además cuentas con todo un batallón de amigos que te ayudan en la búsqueda, enviándote enlaces y avisándote de las diferencias de precio.

Que hubiera alguien dispuesto a escuchar al otro lado de la pantalla del ordenador, alguien que sabía de lo que le estabas hablando, suponía un cambio insólito. De repente podías hacer consultas relacionadas con las herramientas, desahogarte soltando una perorata sobre un cliente, una compañía de mensajería o un distribuidor temibles, o compartir las penurias de la batalla creativa diaria. Todo ello aceleró los ritmos de producción a una velocidad de vértigo. Cualquiera tenía acceso al trabajo de sus competidores en tiempo real, y la consciencia de la necesidad de evolucionar constantemente o de pulir un estilo para ganarse un puesto en el mercado era mayor. Otra de las implicaciones era que todo el mundo podía participar en debates sobre técnicas de impresión experimental y resolución de problemas en general, lo que suponía poder dedicar más tiempo a mejorar como impresor que a resolver las pequeñas cuestiones inherentes al oficio que antes parecían obstáculos insalvables.

A raíz de toda esa actividad, las distintas personalidades que formaban parte de cada círculo fueron estrechando vínculos. Puede que solo haya otras cinco personas en una ciudad al otro lado del país que entienden de verdad lo que hago cada día, pero esa es mi gente, y los defenderé y los querré siempre. Hay pocas vocaciones tan incomprendidas como la de los diseñadores y artistas que deciden dedicarse a la impresión, y pocos sectores del mundo del diseño cuentan con tantos introvertidos y marginados en sus filas, por lo que la posibilidad de establecer por fin contacto con sus semejantes no tenía precio.

Una vez que estas almas afines se empezaron a reunir físicamente, ya fuera gracias al American Poster Institute y Flatstock, o durante fines de semana de intensa convivencia como la Renegade Craft Fair, las miradas cómplices mientras descargaban cajas repletas de láminas y montaban las cabinas y los relatos de indiscreciones juveniles compartidos entre cervezas cuando los clientes ya se habían ido a casa los unieron para siempre. Al volver a cada uno de los rincones del mundo de los que provenían, la comunidad seguía igual de viva en internet, hasta el siguiente encuentro, en el que volverían a hacer exactamente las mismas cosas.

Como en cualquier "familia", hay chismorreos y rencores, y hay quien ha enrarecido el ambiente general al robar con descaro imágenes de otros colegas (como si en la era de internet no te pudieran pillar...), pero al final no hay nada de malo en criticar a uno de los tuyos si luego hay un colectivo entero que te respalda frente a ataques ajenos. Hermanos y hermanas para siempre.

**Título:** *Progeniture*

**Diseñador:** Jay Ryan/The Bird Machine, Inc.

**Tamaño:** 45,7 x 61 cm

**Técnica de impresión:** Serigrafía

**Número de tintas:** Seis

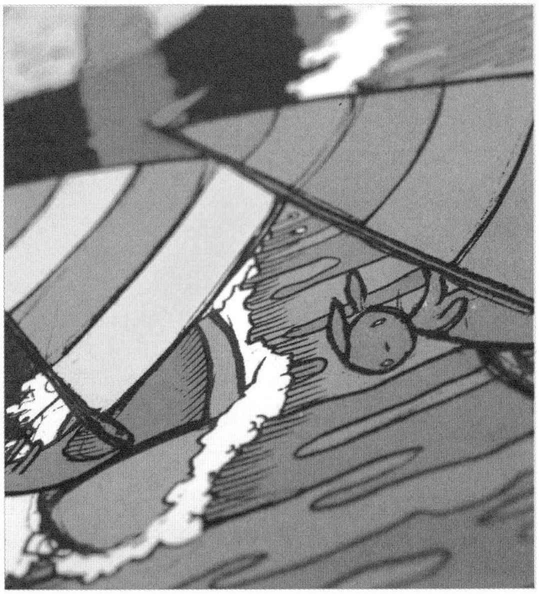

**Título:** *High Tide at White Lake*

**Diseñador:** Jay Ryan/The Bird Machine, Inc.

**Tamaño:** 45,7 x 61 cm

**Técnica de impresión:** Serigrafía

**Número de tintas:** Seis

**NOTA:** La producción de Ryan no solo es singular por sus imágenes dibujadas a mano y sus tipografías, sino también por su paleta de colores, que le permite crear un mundo que parece ser exclusivamente suyo pero que, sin embargo, resulta acogedor.

# MI ESPACIO DE TRABAJO: JAY RYAN, THE BIRD MACHINE, INC.

“En The Bird Machine tenemos dos máquinas estampadoras semiautomáticas modelo Cameo 30 y una manual”, explica Ryan. “Tenemos más de veinte pantallas de aluminio bastante grandes, todas con mallas 230, y utilizamos emulsión de fotopolímero Ulano QTX, que insolamos en una mesa de luz casera. Limpiamos las pantallas en una bañera que nos encontramos y montamos como cabina de lavado. El taller está lleno de tintas acrílicas Speedball, que mezclamos por galones, y utilizamos papel de la marca French para casi todo.” Sonríe antes de añadir que también tienen “un esmirriado jardín de macetas detrás del taller, unos tragaluces y un buen aparato de aire frío y caliente”.

American
M&M
Prensa semiautomática en acción
Libro de consulta sobre ballenas
Lápiz
Goma
Bolígrafo
Lápiz
Equipo de lavado a presión
Escena de película de terror
Tinta
Tinta
Tinta
Hacha
Racletas

# JAY RYAN/THE BIRD MACHINE: LA SUITE DEL GARAJE

Preocupado por el estado de "la pequeña estructura de detrás de nuestra casa que utilizamos para guardar automóviles, que según la consagrada tradición americana recibe el nombre de garaje y, ay de ella, nunca estuvo correctamente construida, ni siquiera cuando era nueva en 1960", el diseñador Jay Ryan tuvo que valorar si era o no salvable tras sufrir las inclemencias de "las excepcionales circunstancias meteorológicas de Chicago y una lenta y perdida batalla contra la gravedad, la misma que todos libramos a lo largo de nuestras vidas". En los últimos años el garaje había dado cobijo a "varias muestras de flora y fauna, entre las que destacan mapaches, gatos callejeros, un musgo muy lustroso y colonias enteras de líquenes", y Ryan no tenía muchas esperanzas. Dando por hecho que en última instancia habría que derribarlo, y siendo incapaz de financiar su reconstrucción, se le ocurrió una manera de recaudar fondos. Puso en marcha un plan, creando una serie de láminas de edición limitada "en conmemoración de algunos de los mejores momentos de la historia de nuestro garaje", que permitiría al ruinoso armatoste autofinanciar su remozamiento. Ryan llegó incluso a ofrecer la posibilidad de comprar las láminas en un mercadillo doméstico que tendría lugar "en el propio garaje retratado en la colección", aunque advertía que también pondría a la venta "camisetas, libros y zapatos viejos", y pedía que se abstuvieran de asistir "madrugadores y locos".

**Título:** *Gorillas at the Playground*

**Diseñador:** Jay Ryan/The Bird Machine, Inc.

**Tamaño:** 10,2 x 15,2 cm

**Técnica de impresión:** Serigrafía

**Número de tintas:** Cuatro

**NOTA:** Una de las maneras de maximizar la rentabilidad de una hoja es imprimir varias cosas a la vez, como ocurre con estos juegos de tarjetas impresos en un mismo pliego.

**Título:** *2012 Postcard Set*

**Diseñador:** Jay Ryan/The Bird Machine, Inc.

**Tamaño:** 10,2 x 15,2 cm

**Técnica de impresión:** Serigrafía

**Número de tintas:** Tres

**Título:** *More Time Than Space*

**Diseñador:** Seripop: Yannick Desranleau y Chloe Lum

**Tamaño:** 38,1 x 58,4 cm

**Técnica de impresión:** Serigrafía

**Número de tintas:** Varios

*Foto de Toni Hafkenscheid*

**Título:** *What Should Have Been and What Would Not*

**Diseñador:** Seripop: Yannick Desranleau y Chloe Lum

**Tamaño:** 38,1 x 58,4 cm

**Técnica de impresión:** Serigrafía

**Número de tintas:** Cuatro

*Foto de Toni Hafkenscheid*

**Título:** *Uncountable (Not Comparable)*

**Diseñador:** Seripop: Yannick Desranleau y Chloe Lum

**Tamaño:** Varios

**Técnica de impresión:** Serigrafía

**Número de tintas:** Setenta

**Título:** *About Charles Taylor*

**Diseñador:** Seripop: Yannick Desranleau y Chloe Lum

**Tamaño:** Varios

**Técnica de impresión:** Serigrafía

**Número de tintas:** Once

**Título:** *You Should Be Able To Read It From 30 Feet Away In A Car Going At 50 km/h*

**Diseñador:** Seripop: Yannick Desranleau y Chloe Lum

**Tamaño:** Varios

**Técnica de impresión:** Serigrafía

**Número de tintas:** Varios

*Foto de Toni Hafkenscheid*

**Título:** *The Options That Are Offered To Us:*

*The Least Likely/The Most Tolerable*

**Diseñador:** Seripop: Yannick Desranleau y Chloe Lum

**Tamaño:** Varios

**Técnica de impresión:** Serigrafía

**Número de tintas:** Trece

**NOTA:** Seripop imprime dentro del límite impuesto por el tamaño de su prensa más grande, así que a menudo sus instalaciones las conforman miles de hojas impresas una a una y reunidas en una obra mucho mayor.

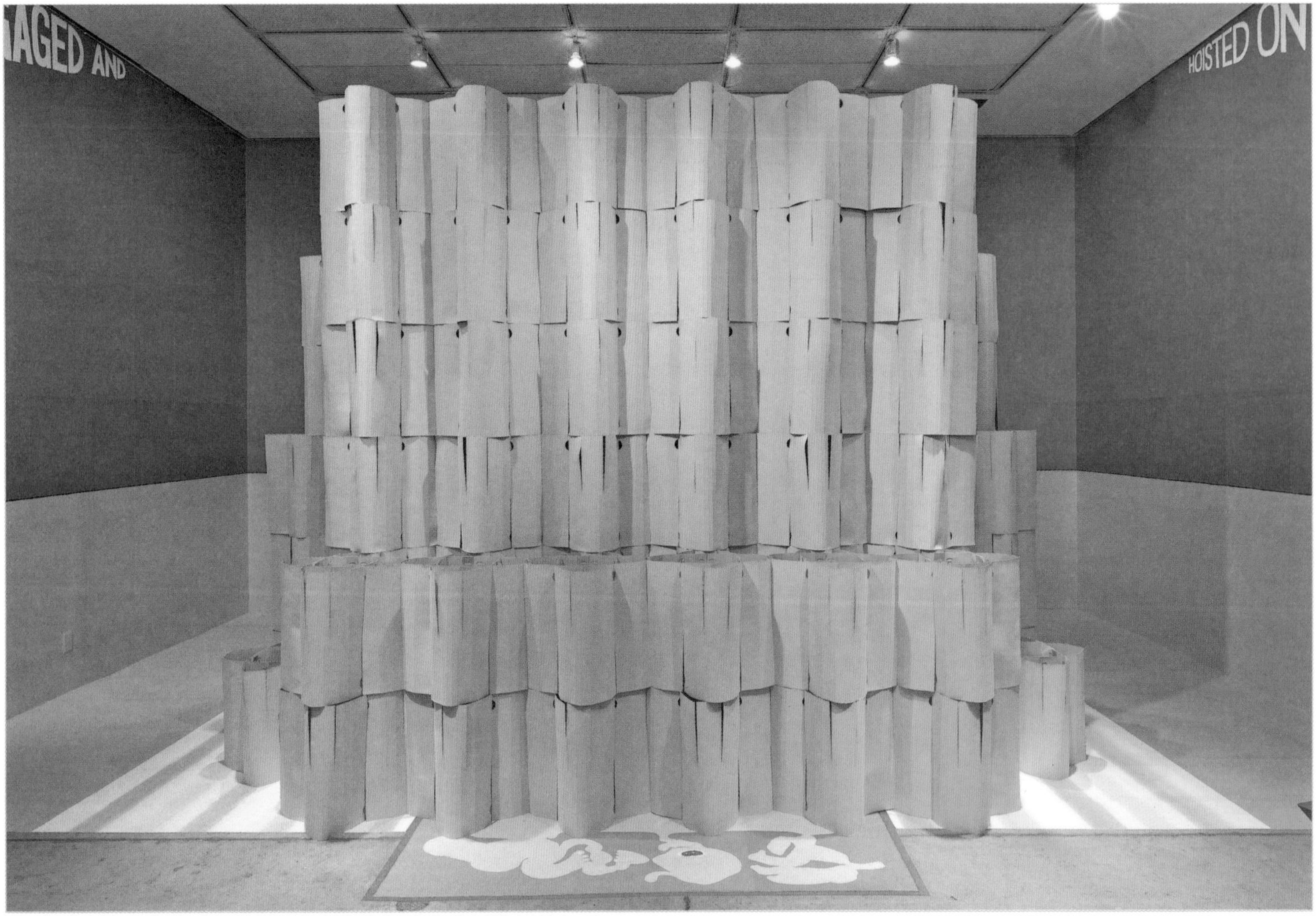


**Título:** *Dis-donc à la grosse de se tasser*

**Diseñador:** Seripop: Yannick Desranleau y Chloe Lum

**Tamaño:** Varios

**Técnica de impresión:** Serigrafía

**Número de tintas:** Varios

*Foto de Toni Hafkenscheid*

**Título:** *Avancez en arrière*

**Diseñador:** Seripop: Yannick Desranleau y Chloe Lum

**Tamaño:** Varios

**Técnica de impresión:** Serigrafía

**Número de tintas:** Ocho

**NOTA:** Mientras muchos artistas tienen la esperanza de que sus creaciones les trasciendan, Seripop ha llevado la celebración de la fugacidad de su obra al extremo, convirtiéndola en uno de sus puntos fuertes.

# CAPÍTULO 7

# CIERRE

El mundo de la impresión artesanal es un lugar bastante increíble, un lugar en el que puedes encontrar láminas con las que hacer saber al mundo cuál es tu banda favorita, un lugar que te brinda obras de arte que llegan directamente al alma, reciben con los brazos abiertos a los visitantes que se dejan caer por tu casa o iluminan tu despacho, un lugar que te hace parte de una historia que se remonta a la primera página impresa de todos los tiempos. También es un lugar que te permite apoyar a una comunidad artística fundamental que lleva mucho tiempo haciendo de incubadora de algunos de los mayores talentos del mundo del arte y del diseño. Puedes premiar a quienes se arriesgan, a quienes ponen el mundo patas arriba y a todos aquellos que producen láminas de una belleza que se presenta en estado puro, sin adulterar. Y puedes premiarte a ti mismo regalándote ese vínculo que se establece con la página impresa, un vínculo que ya nadie nunca podrá romper.

*primer plano de una impresión de Jay Ryan / The Bird Machine Inc.*

MI HERRAMIENTA DE DISEÑO MÁS VALIOSA: *Jay Ryan, The Bird Machine, Inc.*

A VECES, LA HERRAMIENTA FUNDAMENTAL QUE CONVIERTE A UNA PIEZA IMPRESA EN ALGO VERDADERAMENTE ÚNICO Y ESPECIAL ES TAN OBVIO QUE NO PUEDE PASARSE POR ALTO. "EL LÁPIZ Y EL PAPEL CON LOS QUE EMPIEZO CADA PROYECTO SON SIN DUDA MIS HERRAMIENTAS MÁS VALIOSAS", EXPLICA RYAN. "ME MANTIENEN EN CONTACTO DIRECTO (LITERAL Y FIGURADAMENTE) CON LA IMAGEN, Y NO SÉ QUÉ ASPECTO FINAL TENDRÍA MI TRABAJO SI EMPIEZO CON UNAS HERRAMIENTAS DISTINTAS."

En el mundo de la impresión artesanal todo está hecho a mano, y ya se sabe lo que eso conlleva. A veces implica que en cada pasada, además de una entrega y un amor imperecederos, hay algo de dolor y frustración. Todo eso se concentra en cada impresión: una vida entera de trabajo y esfuerzo y alegría en una simple hoja de papel.

Cuando veo cosas como el cartel de Anthony Dihle para Riverbreaks, hecho con serigrafía en papeles de periódico encontrados y acabado con estampaciones xilográficas encima de la serigrafía, no puedo evitar sonreír. Quiero visitar todas las ciudades de la Travel Series de The Heads of State. Mientras tecleaba lánguidamente a dos dedos este libro, me he quedado embobado varias veces contemplando algunos de los complejos patrones que dibujan las formas superpuestas y los colores de las impresiones y tarjetas de Hammerpress, hasta tal punto que me he llegado a marear de alegría. Estoy decidido a recuperar varios tipos distintos de papel para mis proyectos. Quiero enviarle a todo el mundo la tarjeta del gorila de Jay Ryan y quiero irme de cervezas con Geoff Peveto y Gary Baseman y añadirle el último trago a la tinta de la próxima impresión. Quiero una habitación empapelada de arriba abajo con el caballito sueco de Frida Clements y luego quiero sentarme en el centro a leer *Klip Klop*, de Greg Pizzoli.

Y lo más importante es que quiero que todos vosotros hagáis también lo mismo; que hagáis eso y mucho más. Por una cantidad de dinero sorprendentemente pequeña podéis obtener un trozo auténtico del alma de estos artistas increíbles. No es propaganda, es una experiencia obligatoria. Hay magia en esa tinta y felicidad en ese papel. Es así, simple y llanamente.

## LLAMADA A LA ACCIÓN

Espero haber incluido algo interesante para cada uno de vosotros en este libro. Para los no iniciados, esta es una introducción completa, y quizá incluso los expertos puedan encontrar algo de inspiración; aunque sé que llevo más de una década intentando averiguar cómo hacen Seripop y Sonnenzimmer para dejarnos a todos con la boca abierta y he fracasado estrepitosamente. Lo más importante es que espero que el libro os haga sumergiros en este mundo, ensuciaros un poco las manos y probar suerte con la serigrafía por vuestra cuenta, u os anime para apuntaros a un curso de impresión tipográfica y ver dónde os llevan las musas a partir de ahí. Si ya habéis recurrido a un impresor alguna vez, quizá ha llegado el momento de intentarlo por vuestra cuenta; o si lleváis un montón de tiempo imprimiendo, puede que os atreváis con algo nuevo que hayáis encontrado en estas páginas. Si nunca habéis imprimido con vuestras propias manos o vivido la alegría de crear algo especial y único, nada os impide disfrutar de esas pequeñas pilas de hojas impresas, cada una ligeramente distinta de las demás, que podéis regalar o utilizar para dar difusión a una nueva marca o a un acto o celebración. Venga, ¿a qué esperáis?

Una vez que tengáis la hoja entre manos y veáis maravillados cómo se agarra la tinta al papel, no os arrepentiréis. Habréis hecho algo. Algo especial. Algo asombroso. Algo vuestro y solo vuestro.

# ÍNDICE DE COLABORADORES

**Aesthetic Apparatus**
www.aestheticapparatus.com
*Páginas 56–57, 114–115, 117–118*

**Andy Smith**
www.andysmithillustration.com
*Páginas 130–131*

**Bad People Good Things**
www.badpeoplegoodthings.com
*Páginas 6, 70–72*

**BOSS Construction**
www.bossconstruct.com
*Páginas 80–82, 84–85*

**Darling Clementine**
www.darlingclementine.no
*Páginas 90–91*

**Denny Schmickle**
www.dennyschmickle.com
*Páginas 63–65, 126*

**Drew Millward**
www.drewmillward.com
*Páginas 129*

**Fire Studio**
www.firestudiodc.com
*Páginas 22–30*

**Frida Clements Design**
www.fridaclements.com
*Páginas 58, 60, 163*

**f2 design**
www.f2-design.com
*Páginas 11, 86–89*

**Greg Pizzoli Illustration**
www.gregpizzoli.com
*Páginas 100–107*

**Hammerpress**
www.hammerpress.net
*Páginas 12, 47–49, 124–125, 150–152, 156, 166*

**Jeff Kleinsmith Design**
**and/or Patent Pending Design**
www.kleinsmithdesign.com
www.patentpendingindustries.com
*Páginas 73–75*

**Largemammal**
www.thelargemammal.com
*Páginas 10, 146–149*

**LeDouxville**
www.ledouxville.com
*Páginas 66–68, 83*

**Luke Drozd**
www.lukedrozd.com
*Páginas 76–77*

**Modern Toss**
www.moderntoss.com
*Páginas 53–55*

**Print Mafia**
www.printmafia.net
*Páginas 34–46*

**Scotty Reifsnyder Visual Adventurer, LLC**
www.seescotty.com
*Páginas 122–123*

**Seripop**
www.seripop.com
*Páginas 50, 78–79, 113, 159–160, 178–183*

**Sonnenzimmer**
www.sonnenzimmer.com
*Páginas 69, 108–113*

**Tad Carpenter Creative**
www.tadcarpenter.com
*Páginas 119, 142–145*

**The Bird Machine, Inc.**
www.thebirdmachine.com
*Páginas 92, 153, 170–177, 184*

**The Decoder Ring**
www.thedecoderring.com
*Páginas 133–141*

**The Heads of State**
www.theheadsofstate.com
*Páginas 21, 120–121, 154–155, 165*

**The Little Friends of Printmaking**
www.thelittlefriendsofprintmaking.com
*Páginas 19–20, 31–33*

**Zeloot**
www.zeloot.nl
*Páginas 95, 97–98*

"ME ENAMORÉ DE LA IMPRESIÓN TIPOGRÁFICA HACE UNOS QUINCE AÑOS, DESPUÉS DE UNA VISITA AL HATCH SHOW PRINT EN NASHVILLE. INMEDIATAMENTE DESPUÉS DE VER EL PROCESO, SUPE QUE ESO ERA LO QUE ESTABA DESTINADO A HACER. ADORO LAS CUALIDADES TÁCTILES, EL PODER VER Y SENTIR LA IMPRESIÓN. TAMBIÉN ME ENCANTA QUE ME OBLIGUE A PENSAR EN DISEÑOS SENCILLOS."

*Dirk Fowler, f2 Design*

# AGRADECIMIENTOS

Todos aquellos que alguna vez os habéis tomado la molestia de leer hasta la última página de uno de mis libros (poneos en pie, mamá y papá) sabréis que uno tiene que haber estado casi a punto de morirse para encabezar la lista de agradecimientos. Qué le vamos a hacer, sois muchos, y algo tiene que distinguir a los elegidos. Sinceramente, empiezo a pensar que si dejo de escribir libros, la gente que me rodea dejará de sentir la necesidad de figurar en esta sección. Buena parte de este tomo la escribí con mi perfeccionado método de mecanografía bidactilar en la sala de espera de la unidad de cuidados intensivos de un hospital. Para mi gusto, una parte demasiado extensa. Sorprendentemente, después de una operación cardiovascular que no fue bien, mi padrastro nos tuvo asustados unas semanas, pero luego empezó a recuperarse a buen ritmo y hoy tiene tan buena salud como antes de la operación, lo que es un milagro en sí mismo.

Poco después del final de aquella estancia en el hospital, deseando poder desterrar las palabras "cuidados intensivos" de mi vocabulario durante el mayor tiempo posible, recibí una desagradable llamada informándome de que uno de mis mejores amigos estaba en observación en un servicio de urgencias en Pittsburgh tras haber sufrido un derrame cerebral. Rich Westbrook no es solo mi compañero de piso de la universidad y de después de la universidad, mi compañero de payasadas y correrías, la persona que me ofreció mi primer trabajo de verdad en el sector del diseño y me ayudo a madurar y una de las personas más encantadoras que existen: es también la personificación de todo lo que para mí está bien en el mundo. Cuando pienso en una persona "buena" de verdad, pienso en Rich. No podría quererlo más de lo que lo quiero, y no era capaz de comprender que pudiera pasarle algo malo. Parecía una injusticia suprema que cualquier dolor le aquejara o que tuviera que hacer frente a su propia mortalidad. Nunca he sentido un alivio tan grande como el que me embargó cuando finalmente pude hablar con él en el hospital y bromear y repetir nuestros chascarrillos de siempre. La mayor parte de los efectos del derrame han remitido, aunque la visión en uno de los ojos sigue algo tocada. Quizá eso le venga bien a sus diseños. Mientras escribo esto él está en uno de esos bailes de padres e hijas, y a mí se me llenan los ojos de lágrimas como a un cagón solo de pensarlo. Gracias a Dios que sigue aquí para meterse conmigo cuando lea esto. Casi nada de lo que he escrito sobre diseño y que merezca la pena ser leído habría sido posible sin la visión y la dedicación de la gente estupenda de Rockport. Se merecen mucho más que unas palabras amables en este apartado, así que quedáis advertidos de que a todos os espera un besazo ridículo con todas las babas de un servidor. Winnie Prentiss y sus dotes de mando; Emily Potts y su capacidad para divertirme, ponerme colorado, hacerme reflexionar sobre mi moral y mis valores, conseguir que sonría sin parar y, de alguna manera, lograr que trabaje con más ahínco cada día; Regina Grenier, por su generosidad y su alegría al intercambiar historietas de perros, por chocarme los cinco y por dar la cara por mí de vez en cuando, incluso cuando ni yo sabía que lo necesitara; David Martinell, que siempre me saca una sonrisa con su ademán imperturbable; Betsy Gammons y sus bromas y sus bramas; Cora Hawks, por hacer tanto trabajo de machaca, y tantos otros: os adoro a todos. Gracias a mi cada vez más enorme familia, sobre todo a mi mujer, Suzanne, ¡y a mi increíble hija, Lily! Las quiero con toda el alma. A mis dos bandas de padres, a todos mis hermanos y hermanas (nueve en total, la última vez que los conté), a James Nicholls, que es con quien hablo a diario, Clive Solomon, Michael Loveless, Daniel Early, Alex Hornsby, Lucy Hurst, Eva O'Reilly, Mark Harwood, y a toda la gente de Fire Records. A mis viejos amigos Bill Vierbuchen, Dave Bradbury, Chad Lafley y a muchos más que me olvido. A Svetlana Legetic, Cale Charney y a todos los de BYT. Y por último, aunque desde luego no menos importante, a todas las chicas (¡casi mujeres!) que entreno en mi equipo de fútbol y que me enseñan cada temporada mucho más de lo que yo les podré ofrecer nunca. Sabéis que es imposible hacer un libro como este sin contar con un cuadro de avezados diseñadores y artistas, así que muchísimas gracias y abrazos fuertes a todos los incluidos en esta selección. Sois una gran fuente de inspiración.